AF434113

Manifiesto de un fundador

César Villanueva

®2023 Editorial Bien-etre.

Publicado por: Editorial Bien-etre.

Diseño de portada: Easwara Jiménez

Diagramación: Easwara Jiménez

ISBN: 978-9945-636-96-3

Edición: Editorial Bien-etre

www.bienetremedia.com

Primera edición 2023.

MANIFIESTO DE UN FUNDADOR
PRINCIPIOS PARA TRASCENDER EN LOS NEGOCIOS

MANIFIESTO DE UN FUNDADOR
PRINCIPIOS PARA TRASCENDER EN LOS NEGOCIOS

CÉSAR VILLANUEVA

ÍNDICE

DEDICATORIA

A Marilú, mi maravillosa, admirada y hermosa esposa, quien, además, es la encantadora madre de mis hijos Daniella, César e Ivanna. Sus palabras a modo de sugerencia son las sendas que me hacen actuar para hacer cosas que no tenía en mente y que me hacen enfrentar retos con el más contundente respaldo de su amor y comprensión. Si existe un emprendedor, es porque hay un propósito que lo inspira; siendo mi esposa e hijos, mi propósito central.

A todos aquellos que creen que existen mejores condiciones al otro lado del río, y que están dispuestos a cruzarlo por encima de los depredadores, opositores, dificultades y circunstancias adversas.

AGRADECIMIENTOS

A mis hijos: Daniella, César e Ivanna, por su paciencia en las veces que estaba en proceso de construcción de nuestros sueños. A mi madre, que siempre ha escuchado todos mis sueños y mis sandeces; y por supuesto, a nuestra admirada asesora Keila González Báez, quien impacta tanto por su sabiduría como por sus dotes de perseverancia.

PRÓLOGO

Por Vilma Núñez Villanueva, Ph. D.

CEO del Grupo Convierte Más.
Cofundadora y Rectora de American Business College.

¿Cómo escribir el prólogo del libro para una de las personas que más admiras? ¿Cómo resumir en unas líneas quién es mi tío-mentor?

Quizás te preguntes por qué al autor de este libro, César Villanueva, le puse el apodo cariñoso y respetuoso de tío-mentor.

Según el diccionario, un mentor es una persona experimentada que te da consejos sobre una o más áreas que tiene de especialidad. Entre los sinónimos encontrarás palabras como asesor, guía, confidente, consejero, consultor, gurú, maestro y muchas otras.

Pues yo tengo la suerte de que uno de mis tíos de sangre también sea mi mentor, y créeme cuando te digo que todos merecemos y necesitamos uno o más mentores al momento de emprender y mientras gestionamos nuestros emprendimientos.

César ha sido mi tío-mentor desde que tenía trece años. Quizás hayas leído el libro «Padre rico Padre pobre»; pues imagínate que yo tuve la fortuna de tener cuatro figuras paternas en mi vida: mi tío César fue y sigue siendo uno de mis padres y en específico, el rico. Él me ha enseñado que la verdadera riqueza requiere mucha fe en uno mismo y que va más allá de lo material. Consiste en saber generar dinero; pero sobre todo saber cómo gestionarlo e invertirlo.

En verdad, desde mis trece años, él era la única persona cercana o conocida, quien además de saber cómo generar dinero, realmente podía gestionarlo y multiplicarlo. Nunca he escuchado a mi tío-mentor quejarse por plata, al contrario, siempre está compartiendo su próxima aventura como el emprendedor en serie que es.

Hay cuatro conceptos que he aprendido y que me han marcado de él y que hoy quiero compartir contigo:

Los emprendedores somos *money-makers*, es decir, hacedores de dinero que también saben administrarlo.

Págate primero. Más allá de tener un sueldo como emprendedor (algo que te explicará en este libro), pagarte primero consiste en cuidar tu bienestar y desarrollo personal antes que tu emprendimiento.

La diversificación es importante. Hoy en día, tengo un pequeño grupo de empresas como mi tío-mentor, porque desde adolescente lo vi diversificando (y no solo en inversiones, sino también en compañías). En uno de los capítulos te hablará de las leyes del dinero y entenderás cómo él ha creado un imperio de alto impacto y éxito.

Si te va bien, a las personas a tu alrededor también. Desde empleados hasta tu familia y allegados.

Su disciplina, determinación y liderazgo siempre han sido contagiosas. Toda la familia y amigos allegados siempre van donde él esté a pedirle consejos, en específico consejos sobre inversiones, negocios y finanzas. A veces es divertido ver en las reuniones familiares cómo nos turnamos para recibir sus sabias reflexiones.

Cuando me dijo que estaba escribiendo un libro, me puse muy feliz porque sabía que otros miles de personas podrían aprender de él tanto como yo lo hago cada día. Al leer las próximas páginas entenderás por qué no tomo decisiones importantes en mi negocio, sin consultarlas con él.

Una de las cosas que tengo en común con mi tío-mentor es la búsqueda diaria de conocimiento a través de la educación. Inclusive, todos mis negocios giran en torno a la educación. Por la misma razón, en el fondo de pantalla de mi móvil se lee la frase «La educación es la solución».

Educarnos es como una brújula que nos orienta hacia dónde tenemos que ir, y estoy segura de que en este libro encontrarás respuestas y muchas estrategias para tu emprendimiento, que marcarán un antes y un después en tu forma de emprender.

El tío-mentor nos espera al otro lado. En el mismo lado donde las preocupaciones por las finanzas y operaciones de tu negocio y tu vida personal ya no te atormentan. Leo muchos libros cada año, pero nunca había leído un libro tan directo, que me hablara sobre emprendimiento y dinero de una manera tan efectiva y sencilla.

Disfruta de estas próximas páginas como yo lo hice y al finalizar, aplica todo lo que puedas a tu negocio.

Nunca lo olvides, puedes tenerlo todo, pero el conocimiento requiere de acción para convertirse en resultados.

¡Gracias, tío César, por tu generosidad al mentorizarnos con y sin palabras!

Tu sobrina y *mentee.*

COMENTARIO

Por Héctor Guerrero Heredia

El cliché más usado en todo el que triunfa es trabajo y resiliencia, no hay dudas de que César nos lleva a una historia amena donde la resiliencia es el factor común, pero nos agrega el punto genial y pedagógico en su libro, al introducir el concepto de «conocimiento de nuestro carácter» para poder moldear nuestras decisiones. A lo largo de su historia nos demuestra su arrojo sin impulsividad, su valentía sin llegar a la indolencia y su determinación a su objetivo final.

De forma didáctica, amena, práctica y humana, César nos regala una experiencia llena de aprendizaje, que puede ayudar a muchos o que puede ayudar mucho a todo el emprendedor, aterrizándonos en su mundo, donde las mezquindades y la mediocridad son la norma. Puedo considerar este libro desde la perspectiva de autoayuda hasta un enfoque algorítmico de los pasos obligados de un emprendedor con éxito; la resiliencia y el conocimiento de nuestro carácter, son herramientas vitales para alcanzar el éxito.

01

HACER CONCIENCIA, EL PRIMER PASO EN TU VIAJE AL ÉXITO

*Conciencia es el reconocimiento del estado
en que te encuentras, para dejar ese lugar
y moverte hacia donde quieres ir.*

César Villanueva

Las clases de mecanografía que había pagado el Padre Rodrigo, recompensando mi servicio como monaguillo en la Iglesia Nuestra Señora del Carmen, fue la razón principal por la que mi amigo Ramiro me pidió que escribiera aquella carta. En la misiva, se hacía una solicitud formal para ser cadete como parte de la generación del 1982 en la Academia Militar de la Batalla de las Carreras. Tenía dieciocho años, miles de inseguridades y el deseo de ser respetado y admirado, sobre todo por mi familia.

Años antes, había decidido prestar servicio en la iglesia. Ayudar al Padre en las misas y compartir las responsabilidades con mis compañeros me parecía una buena forma de agradecer a Dios lo mucho que había hecho por mí. Aunque cuando me tocaba madrugar para hacer mi trabajo, no me parecía tan divertido. ¿A qué adolescente le gusta levantarse de madrugada?

Nunca se me ocurrió hacer travesuras, tomar dinero de las ofrendas o alguna fechoría de esas que se disimulan fácilmente en los recovecos silenciosos de la casa Santa. Fui un muchacho respetuoso, muy creyente y temeroso de Dios. Tanto así, que a principios de enero de 1979 cuando se anunció que Su Santidad, el papa Juan Pablo II, vendría a República Dominicana y yo tendría la oportunidad de conocerlo, la emoción no me cabía en el pecho. Los monaguillos que prestábamos servicio en nuestra iglesia y los de la Catedral Primada de América tendríamos la oportunidad de ser privilegiados con unos segundos en su presencia.

Llegó a media mañana, con toda la majestuosidad que caracteriza a una figura de esa envergadura. Sus movimientos eran lentos, muy elegantes, sin embargo, esto no impedía que de él emanara una humildad que podía percibirse desde lejos. La sonrisa que llevaba estampada en el rostro parecía no perderse ni siquiera cuando hablaba. Creo que nunca habíamos prestado tanta atención en una misa. Cuando concluyó el discurso religioso, se nos dio la singular oportunidad de ir y estrechar su delicada mano. Los monaguillos estábamos ordenados en fila, esperando nuestro momento.

Al ir acercándome, me percaté de que él hacía una pregunta a cada uno, y todos los que alcancé a escuchar contestaban que sí. Como el Papa era de ascendencia polaca, temía no entender lo que me preguntara en su español limitado. Quizás por eso me programé con anticipación para imitar a mis compañeros. Después de todo, asentían y salían bien del asunto.

Una vez había pasado la ceremonia y nos encontrábamos comentando el reciente y emocionante suceso en la parte trasera de la iglesia, se nos acercó el líder de los monaguillos y nos espetó la siguiente pregunta:

«¿Quiénes de ustedes contestaron que sí a la pregunta del Papa?»

Nos miramos inquietos, sin saber si lo que habíamos respondido estaba bien o mal, después de todo no habíamos entendido la pregunta.

—Yo dije que sí —confesé en el acto.

—¿Alguien más? —insistió quien dirigía el interrogatorio.

Una vez contestamos todos, que en su mayoría habíamos dicho que sí, nos enteramos de que la pregunta del Papa había sido «¿Tu eres seminarista?». Y aunque habíamos respondido en afirmativo, no era cierto, pues ninguno de nosotros estaba en el seminario de curas.

Nos reímos muchísimo en ese momento, pero hoy confieso que secretamente lo lamenté por varias semanas en mis oraciones, pues, aunque no lo había hecho adrede, le mentí al hombre que era su mayor representante en la tierra en ese momento. Así de despistado y tonto me comportaba a veces.

Por eso, cuando anuncié en mi casa que me habían aceptado en la Academia y que me integraría al servicio militar, todos se emocionaron. En esa época, ir a la Academia Militar era un acto de valentía, y aunque hasta el momento no me habían visto como un hombre «de armas a tomar», amante de los riesgos o de la acción, sentí que mi valor ante ellos se había acrecentado exponencialmente.

Lección de vida
Hacer lo que la mayoría hace, no es indicador de que estás en el camino correcto.

Nunca imaginé que esa solicitud que había enviado por pura curiosidad, junto a la de mi amigo Ramiro, me haría ganar la admiración casi instantánea de mi familia. Y como la vida acostumbra a hacer lo que quiere de nosotros, en un giro inesperado, yo fui aceptado y Ramiro no.

Me emocionaba mucho asistir a la Academia, sobre todo por el impacto positivo que había logrado aquella noticia. Todos, incluyéndome, veían este logro como un paso de avance y madurez. Me sentía más seguro y contento conmigo mismo.

Sin embargo, al pasar los días, me choqué con una realidad impensada. Todos mis compañeros exhibían una pasión por las armas, la aviación y el uniforme que yo desconocía. Lo único que causaba fascinación en mí era el reciente y desbordado orgullo que percibía de parte de quienes me amaban. Ese sentimiento valía cualquier sacrificio que tuviera que hacer en la vida, como soportar el aburrimiento en medio de las clases, o levantarme de madrugada a hacer ejercicios y comer tripas de animales los lunes por la mañana.

De hecho, allí mi conducta estudiantil distaba mucho de cómo me comporté durante los años del colegio: como un chico aplicado, diligente y disciplinado. Un típico *nerd*[1]. Sin embargo, en mis años de cadete, vivía de castigo más que cualquier otro estudiante. Con frecuencia me encontraba dando decenas de vueltas al patio, sosteniendo un pesado bloque de hormigón maldiciendo mentalmente mi ocurrencia de internarme allí. Pero el disgusto me abandonaba

1 Estudiante brillante con poca habilidad social. Un chico aburrido y tonto.

rápidamente cuando recordaba el rostro preñado de orgullo de mi querida madre, o las palmadas de estimación que me daba mi padre cada vez que llegaba a casa con el uniforme militar y las buenas nuevas que siempre traía de mi nueva vida. Nunca me quejaba, ni decía nada impropio del lugar. Quizás por eso, poco a poco, me fui acostumbrando y hasta me comenzó a atraer este tipo de vida.

Una de las razones fue que había entrado en confianza con un grupo de compañeros que se hacían llamar «rebeldes». Como ya dije, siempre fui un muchacho tranquilo, pero la novedad de hacer algo secreto e indebido, de pertenecer a un grupo tan atractivo y la inmadurez que nos acompaña en esa edad maravillosa, me sedujeron sin darme cuenta a unirme a este grupo de insurgentes. Y justo cuando habían pasado los primeros meses de entrenamiento y comenzaba a embargarme la alegría de pasar a un segundo año de carrera, recibí una llamada del departamento de Personal, que me dejó confundido desde el principio. No tenía idea del motivo de la llamada.

—Villanueva, ¡atención...! —dijo el comandante Fuentes con un tono de voz grave y retumbante.

—Sí, señor —respondí como me habían enseñado.

—Entonces usted anda de payaso junto con el grupito ese de pariguayos haciendo desorden —dijo mientras me miraba desafiante directamente a los ojos.

—Ehhh, no sé de qué me habla, señor —contesté sin pensarlo, para darme cuenta enseguida de que había cometido una falta aún más grave.

—Y encima, se pone de mentiroso. Tiene una hora para recoger sus porquerías y salir de aquí. Queda cancelado de sus funciones. Para siempre —sentenció.

—Pero señor —traté de componer el incipiente error cometido.

—Cállese la boca. Usted es un fracasado como quiera. Lo supe desde el primer día que pisó este lugar. Usted nunca va a llegar a nada por irresponsable y charlatán. Le quedan cincuenta y nueve minutos. Lárguese de mi vista.

Extendió su mano para pasarme la carta, en la cual alegaba que había sido cancelado por presentar una serie de conflictos emocionales, y con sus últimas palabras, quedé condenado para siempre al éxito. Solo que de esto último me enteraría más tarde.

Mientras tanto, me dirigí cabizbajo a la habitación que compartía con otros tres compañeros y comencé a ordenar mis pertenencias, haciendo un esfuerzo inmenso para no llorar. Lo último que quería era que, aparte de fracasado, me dijeran llorón. No tuve la oportunidad de saber en ese momento si había sido el único expulsado aquel día. No hablé con nadie más, excepto con mi madre, a quien llamé por teléfono y solo alcancé a decirle:

—Mamá, me cancelaron. Venga a buscarme —y se me cortó la voz.

Durante el camino a casa, seguía reteniendo las lágrimas que luchaban por liberarse. Hablé solo lo necesario, para que mi madre no creyera que había cometido un crimen. Lo que más me dolía era desilusionar a mi familia y perder el respeto de mis amigos y seres queridos, sentimiento que había cultivado desde que había entrado a aquella institución académica. ¿Con qué cara los miraría? ¿Qué pensarían de mí? ¿Me verían como un fracasado tal como me sentenció el oficial que me despojó de mi cargo? Sentía que los había decepcionado a todos, me había vuelto a convertir en un tipo ordinario, uno más del montón.

Mientras me desmontaba del vehículo, seguía diciéndome todas esas cosas horribles a mí mismo. Entré a la casa, y mi tía, a quien siempre he considerado como otra madre, me dijo:

—No te preocupes, César. Tú vas a ser millonario. Al fin tendré un sobrino millonario —auguró.

Y yo, para no terminar de decepcionar a la única persona de mi familia que no había hecho un drama por mi cancelación, le respondí como si hiciera un decreto:

—Claro que sí, tía. Voy a ser millonario —y me retiré a mi habitación para dejar fluir todas las lágrimas que había contenido.

En medio de aquel ritual de lamentos y llantos, seguía cuestionándome sobre lo que había pasado. ¿Cómo había llegado allí? ¿Cómo había dejado perder esa oportunidad por algo tan tonto? ¿Por qué aquel oficial me había dicho fracasado, bueno para nada? O, ¿sería verdad lo que dijo mi tía, que seré su sobrino millonario?

Y fue ese el momento en el que hice conciencia de que podía elegir: escuchar al oficial que me había etiquetado como fracasado o escuchar a mi tía, quien me había vaticinado éxito y prosperidad.

—¡Abre los ojos, César! —me dije. Enfócate. Enséñales a todos que puedes superarte. Demuéstrale a ese oficial que él no es nadie para definir quién eres. Tú defines quién eres.

Recuerdo que me despidieron de la Academia un jueves. Y el lunes temprano, me puse mi mejor vestimenta y salí a buscar trabajo, tienda por tienda, en la calle El Conde. No podía darme el lujo de quedarme en la casa haciendo nada. Mi familia era de limitados recursos económicos y dependían de mi hermana y de mí para subsistir. El mismo lunes llegué a mi casa con un contrato laboral y renovadas energías para trabajar en mí, para hacer dinero y comenzar mi nuevo camino hacia esa vida millonaria que había predicho mi tía y yo estaba dispuesto a conseguir, sin importar cuánto tuviera que trabajar en mí mismo o para alguien más. Por algún sitio debía comenzar y era justo lo que estaba haciendo. Sabía que me costaría quitarme la etiqueta de fracasado y volver a despertar la admiración de mis seres queridos, pero al menos ya había dado el primer paso.

Lección de vida
Las opiniones de otras personas no definen tus cualidades ni potencialidades. «Tú defines quién eres».

Uno de los errores que las personas cometen es querer todo para «ahora mismo». Les cuesta esforzarse y dar continuidad a ese esfuerzo. Se cansan muy rápido. Piensan a corto plazo. Quieren fórmulas mágicas. Y la realidad es que eso no existe. Muchos te dicen «persigue tu pasión», pero si eres cocinero en un restaurante y te va muy bien, mientras que a ti lo que te gusta es

El dinero es volátil. No llega a ti, solo porque lo deseas o necesitas. Aprende a buscarlo o nunca lo conseguirás.

cantar, yendo a un karaoke todas las noches no vas a hacer dinero. Y no hay nada menos apasionante que pasar necesidad y tener carencias. Si sigues tu pasión, pero no hay para pagar los servicios básicos, la educación de tus hijos o para salir a comer con la familia un domingo cualquiera, ¿de qué pasión estás hablando?

Siempre invito a los jóvenes a potenciar sus talentos y dirigirlos hacia donde más dinero puedan obtener. Porque quien no puede monetizar su pasión, no tiene una profesión, no tiene un trabajo. Solo tiene una ocupación recreativa, o como dirían los millenials: un hobbie, que muchas veces puede salir muy caro.

De hecho, cuando haces un trabajo que te produce dinero, la generación de ese dinero es una pasión que no quieres reconocer. Pues todo lo que amas hacer y se paga con dinero, lo logras gracias a esos ingresos que generaste con la remuneración de tu trabajo.

Enfócate en lo que te gusta y puedas monetizar. Si no puedes lograrlo es un aviso de que necesitas cambiar.

Fue por eso que, al elegir mi carrera universitaria, no me puse romántico a pensar en qué era lo que más me gustaba, sino en qué carrera podía darme más dinero. Pues, al hacer conciencia de mi situación y darme cuenta de dónde estaba, entendía que para avanzar hacia donde quería,

En vez de buscar dentro de ti qué es lo que te apasiona, busca afuera cuáles son los problemas de las personas, soluciónalos y genera dinero.

debía generar la mayor cantidad de dinero posible en el menor tiempo. Así que decidí estudiar finanzas, porque era la carrera universitaria que más fácilmente me permitiría conseguir un buen empleo. Y luego estudié Auditoría porque escuché decir a uno de mis profesores que esa área de la Contabilidad era la que mejor pagaba.

Si quieres reencauzar tus pasos, o empezar un proyecto de vida que resulte exitoso, más que buscar la pasión, lo que debes es hacer conciencia. Tienes que partir de una aceptación de tu situación actual. Saber dónde estás, cuáles son tus circunstancias. Porque solo ese reconocimiento te da la aceptación de lo que eres, te hace despertar del sueño, te ubica en el lugar en el que estás y te ayuda a moverte hacia donde quieres llegar.

Tienes que recordar que el éxito llega poco a poco. Debes tener paciencia. En mi caso, por ejemplo, yo no me moví porque quería ser millo-

Tener este libro en tus manos es una señal de que has despertado tu conciencia y dado el primer paso de avance hacia una vida exitosa.

nario, esa fue una meta muy a largo plazo. Mi primera intención fue dejar atrás las incomodidades de andar tomando trasporte público, de no tener dinero, de no poder pagar las cuentas, de tener que pedir prestado para pagar la universidad, para cubrir mi día a día, para ayudar a mi madre.

Por eso tu primer paso es despertar y establecer tu nivel de conciencia. Pues a final de cuentas, la claridad en lo que quieres es mucho más importante que cualquier otra cosa. Y puedo asegurártelo, porque si no hubiese estado claro en mi nueva misión de vida, las palabras de uno de mis tíos en una cena familiar, días después de haber sido expulsado de la Academia, me hubiesen seducido fácilmente.

—Sobrino, sé que eres un muchacho bueno —comenzó diciendo. Tengo buena relación con el jefe de las Fuerzas Armadas. Si quieres, puedo llamarlo ahora mismo y pedirle que te reinserte para que retomes tu carrera en la Academia Militar.

Enseguida pasó por mi mente la imagen de lo orgullosa que se había sentido mi familia en aquellos días, en lo mal que había sido visto por tanta gente a quien había decepcionado. En mi cerebro retumbó la sentencia del oficial que me despidió y en mi corazón afloró el decreto con que me había recibido mi tía aquel mismo día.

—No, tío, muchas gracias —le dije después de pensarlo unos segundos. No quiero volver a la Academia. No porque no pueda graduarme de oficial, sino porque yo tengo un sueño más grande. Me haré profesional y me convertiré en millonario.

02

EL ANHELO: EL PODER QUE TE MANTIENE EN MOVIMIENTO

Todas las soluciones en tu vida deben partir de ti.

César Villanueva

El anhelo de hacer una carrera profesional y prosperar en la vida se arraigó en mi corazón de forma irreversible. Aunque conseguí trabajo con facilidad al salir de la Academia y en años posteriores, entrar a la universidad no fue tarea fácil. Lo que ganaba en ese momento no alcanzaba para cubrir mis necesidades: ayudar en los gastos de la casa donde vivía con mi familia y pagar la colegiatura, que en ese momento eran unos USD 15,000.00 anuales.

Las palabras de mi padre, cuando recién salía del bachillerato, me habían dejado la impronta de que, de ahí en adelante, era responsable de mí al cien por ciento.

—César, mi hijo, hasta aquí llegué contigo. A partir de ahora eres responsable de tu vida y tu futuro. No puedo pagarte la universidad, ya sabes la situación en que estamos —me dijo intentando ocultar la mueca de impotencia en su rostro.

—No se preocupe, papá. Yo resuelvo. Me haré cargo de mi vida, seré profesional —fueron mis palabras.

Aunque hacía más de un año de aquella conversación, el día que decidí inscribirme en la universidad y no tuve dinero para hacerlo, me di cuenta de que ese día había llegado. Y hoy, tantos años después, puedo decir que esa situación me retó de forma positiva, pues marcó la pauta para que, en lo adelante, apoyara a mis hijos en todos sus estudios, incluidas sus maestrías.

Volviendo a la situación en la que me encontraba en aquel momento, como había hecho conciencia del lugar en el que estaba y hacia dónde quería dirigirme, no iba a renunciar a mi sueño solo porque no tenía dinero. Decidí enfrascarme en la búsqueda de los recursos que me ayudarían a dar el siguiente paso en mi vida.

La sombra de mi evidente juventud y mi reciente fracaso profesional me perseguían a todas partes. Resulta comprensible lo difícil que fue acercarme a amigos o familiares con la solicitud de un préstamo para convertirme en contador, después del intento fallido de ser militar.

Los «no» que encontré en el camino, más que desanimarme, me infundieron fuerzas para seguir luchando por lo que quería. No podía permitir que las palabras de mi querida tía cayeran en el vacío. Y aunque no sabía a ciencia cierta cómo lograría materializar su sentencia, busqué la forma de dar los primeros pasos en la nueva vida exitosa que me había propuesto.

Las metas son estos pequeños pasos que, al darlos, te mueven de donde no quieres estar.

Continué con la pesquisa del préstamo para mis estudios, hasta que un familiar vio mi deseo sincero y vehemente de superarme y me facilitó el dinero para inscribirme en ese primer semestre. El compromiso era ir devolviéndolo en plazos mensuales. Acepté la propuesta, porque, si hay algo que puedo asegurarte, es que todas las soluciones en tu vida dependen de ti. Quitarte la vestimenta de víctima y hacerte responsable al cien por ciento de tus resultados es lo que te da el verdadero poder.

«Los pequeños intentos, repetidos, completarán cualquier empresa», leí un día en un libro que encontré, ya no recuerdo ni cómo, en algún rincón de la universidad.

«Exacto, esa es la clave», reflexioné cuando leí la frase en el libro *El vendedor más grande del mundo*.

En vez de obsesionarme solo con el resultado final, comencé a fijarme y comprometerme a alcanzar pequeños objetivos, como ascender laboralmente o terminar cada ciclo de la universidad con éxito; y aunque estos logros podrían palidecer ante lo que he conseguido hasta ahora, puedo decir que fueron esas pequeñas decisiones, esos pequeños pasos, los que me infundieron la fuerza y seguridad para seguir avanzando sin detenerme.

Leer es uno de mis hábitos sagrados para mantener en forma mi espíritu y competitividad.

El reconocimiento de la insatisfacción mueve al anhelo.

No tienes que preocuparte por alcanzar grandes logros rápidamente, eso ni siquiera es realista si buscas progresar de forma honesta. Tu enfoque debe estar en rendir pequeños pasos cada día, de forma constante, hasta que te lleven cada vez más cerca al lugar anhelado.

Puedo asegurar que, a través del hábito de la lectura y aplicando lo leído, comenzó a abrirse para mí un universo totalmente distinto al que ya conocía. Empecé a devorar cada libro de superación personal y empresarial que caía en mis manos. A la lectura del libro de Og Mandino, que sin lugar a duda fue el primero en cambiarme la vida, siguieron otros *bestsellers,* como *Piense y hágase rico* de Napoleón Hill, *No permitas que nadie robe tus sueños* de Dexter Yeager, *El hombre más rico de babilonia* de George S. Clason, toda la serie de libros de Robert Kiyosaki, y muchos otros.

Entendí que una apariencia impecable y el pensamiento positivo que mueve a la conducta correcta para avanzar eran mis mejores aliados. Declaraba lo que quería para mi vida apenas me levantaba, poniendo en práctica lo que aprendía en esos libros maravillosos, que sin lugar a duda me dieron la base y el empoderamiento para convertirme en quien soy. Hoy en día, leer es uno de mis hábitos sagrados para mantener en forma mi espíritu y competitividad.

Pensamiento positivo y una apariencia impecable son cualidades recurrentes en personas exitosas.

Mi hermana y yo éramos quienes sosteníamos principalmente el hogar de nuestra familia. Poco a poco, recuperé la confianza en mí y el orgullo de los míos. Comencé a trabajar en instituciones financieras de gran envergadura y empecé a labrarme la reputación de ser un hombre estricto y generador de resultados sobresalientes.

Me cuenta mi querida esposa, Marilú, que días después de haber llegado a la sucursal del banco donde tuve la dicha de conocerla, se escuchaban en los corredores toda suerte de comentarios que envolvían en un halo de misterio quién era y lo que hacía allí.

—Me voy, que mi jefe no tolera que pierda el tiempo y ya tengo rato aquí contigo —le dijo a una de sus compañeras de trabajo.

— ¡¿Villanueva?! —preguntó Marilú curiosa.

—Sí, shhh. Baja la voz, lo que menos quiero es que me escuchen hablando de él.

—Ah, pero ¿quién es?, ¿de dónde vino a trabajar aquí? —volvió a inquirir atraída.

—Pues no sé, no habla de su vida personal. Solo de orden y números. Me voy —dijo con un tono de voz casi imperceptible que la dejó intrigada, y yo diría que con deseos de develar mi verdadera personalidad.

Desde que llegué a trabajar en la dirección financiera, hice auditoría de todos los procesos existentes. Como el área que manejaba repercutía en el resto de los departamentos del banco, requerí que los encargados de cada uno se hicieran responsables de las conciliaciones de sus cuentas y reportes diariamente. Esta medida logró instaurar reglas y procesos que permitieron evitar que se filtraran errores y que se pusiera en riesgo la estabilidad de la institución. También busqué que se reportaran de manera consistente las informaciones, para que la alta gerencia tuviera datos actualizados y pudiera tomar buenas decisiones.

Un lunes por la mañana, cuando todos andaban presurosos como si fuera el último día que trabajaran en sus vidas, pero en realidad era el primero de esa semana, me llamó el director de negocios para informarme de una decisión, que en ese momento yo no sabía que cambiaría mi vida, pero sí lo haría ¡y de qué forma!

—Villanueva, te voy a enviar a una chica para que la entrenes y le expliques qué hace tu departamento. Para que tenga una visión completa del banco —dijo el director de negocios en un tono que no pude descifrar enseguida.

—¿Pero ella viene a mirar o a trabajar? —pregunté para asegurarme.

—A trabajar —especificó.

Minutos después entró una mujer hermosa, de pelo largo y actitud críptica. Su imponente presencia me hizo perder el hilo de la reunión que sostenía con mi equipo de trabajo.

—Buenas tardes —dijo sin sonreír. Me enviaron para planificar lo de mi entrenamiento.

—Usted vino a trabajar, ¿verdad?

—Por supuesto —contestó, mientras yo la miraba tratando de adivinar qué pensaba.

—Julián, ¡búscame el libro mayor! —dije imperiosamente. Usted, señorita, siéntese aquí —le ordené mostrándole un lugar que quedaba justo a mi lado.

—No, señor, yo puedo hacerlo, pero allá afuera —dijo con una seguridad que me resultó aún más atractiva que su larga cabellera, la cual brillaba sin esfuerzo; y su mirada cautiva, tratando de imponer distancia desde el principio.

Y fue así como inició la historia que hoy tiene más de treinta años. Porque si hay otra verdad casi inmutable, es que la pareja que elijas para compartir tu vida también debe compartir los proyectos, sacrificios y retos que representen eso que te has propuesto como emprendedor. De lo contrario, limitaría tu crecimiento y obstaculizaría tu camino. Y si en verdad estás comprometido con tu crecimiento, es mejor volar solo que con alguien que no te impulsa o apoya.

Pasaba el tiempo y me sentía cada vez más confiado. Tenía una novia hermosa, trabajadora, inteligente, sofisticada. Un trabajo muy bien remunerado, un puesto importante y la aprobación de quienes quería. ¿Qué más podía pedir? Solo me faltaba ascender al puesto de director financiero por el cual había trabajado incansable y estratégicamente. Por eso, el día que recibí la noticia de que vendría alguien de fuera y ocuparía el cargo con el que había soñado, dándome órdenes, casi no pude soportarlo. Estaba seguro de que había acumulado suficientes méritos para ocupar el puesto de Director de Control Financiero.

No condiciones tu desarrollo profesional y personal por una pareja.

Esto no lo entendí hasta pasados algunos años, cuando advertí que era parte del proceso de crecimiento que necesitaba para comprender dónde estaba el lugar que debía ocupar para emprender y ejecutar esos sueños, esos sentimientos que se convirtieron en mi anhelo de ser empresario millonario.

Mi rebeldía llegó a oídos de los mandos superiores. Un viernes en la tarde, mientras planificaba salir con Marilú, fui llamado a la oficina de uno de ellos. Después de una breve conversación acerca del asunto, escuché las palabras que marcarían una nueva etapa de mi vida.

—Si no lo puede aceptar, entonces la puerta está abierta. Puede irse.

Y con aquella noticia, que en su momento me pareció una tragedia —pues nunca me habían despedido de un trabajo— se abrió una nueva gran oportunidad para mí. Decidí dar un vuelco a mi vida. Seguiría avanzando, pero esta vez lo haría aún más en grande.

03

FORJAR EL CARÁCTER,
UNA MISIÓN INELUDIBLE SI QUIERES
CRUZAR AL OTRO LADO

Enfrenta tus temores y encontrarás tu refugio.

César Villanueva

No entiendo por qué el fracaso tiene tantos enemigos. Creo firmemente que no se deben menospreciar los tropezones, pues en muchas ocasiones son una gran fuente de aprendizaje y crecimiento. El truco está en estar listo para recibir esa enseñanza y aplicar lo aprendido.

Haber sido despedido de aquel empleo causó un impacto tan grande en mí, no solo porque era muy competente en mi trabajo y me encantaba lo que hacía, sino porque la seguridad que me caracterizaba recibió un golpe imprevisible. Aunque debo reconocer que me recuperé fácilmente, todo con el objetivo de cambiar la forma en cómo venía haciendo las cosas en ciertos aspectos de mi vida y seguir avanzando en mi meta. Como dice Bárbara Corcoran, la inversionista norteamericana y estrella televisiva del programa *Shark Tank*, «la inhabilidad para sentir lástima por sí mismos es una de las cualidades más menospreciadas, pero más poderosas, de la gente exitosa».

El 'no' es parte del proceso estadístico de la rentabilidad de lo que quieres conseguir.

Así que, en vez de quejarme y sentirme derrotado, me dispuse a mejorar mis circunstancias, y fue en ese ínterin que hice conciencia de que debía fortalecer algunos matices de mi carácter; que, hasta ese momento, no me estaban haciendo avanzar, sino que, por el contrario, estaban resultando ser piedras de tropiezo en mi camino al éxito.

Y aprovecho este inciso para dejarte muy claro que hacer conciencia es un hábito que debes mantener por siempre si quieres evolucionar como emprendedor, esposo, estudiante... en fin, como ser humano.

Reflexioné sobre qué me había llevado hasta el punto en que me encontraba. Hice conciencia respecto a cómo había sido mi comportamiento en los últimos años y analicé el hecho de que cambiaba de trabajo con facilidad, por menos del 3 % de incremento en mi sueldo era capaz de irme a otra compañía.

«Estoy dando la impresión de ser un tipo inestable», reflexioné. Y resolví mantenerme firme en el próximo gran trabajo que consiguiera, aunque mejores condiciones laborales o económicas trataran de seducirme.

Algunos meses después fui llamado a una entrevista de evaluación para obtener un importante puesto en un banco internacional. Conseguir ese cargo podría ser el sueño de cualquier persona con mi perfil y aspiraciones. Era justo lo que estaba esperando, pues había encontrado un trabajo en el área financiera de una de las principales agencias publicitarias de nuestro país treinta días después de mi despido, pero sabía que ese no era el lugar para el que estaba destinado. Así que recibir la llamada para esa entrevista me infundió una energía y confianza que había experimentado otras veces.

Debes partir de lo que no quieres, para conseguir lo que deseas.

Como ya acostumbraba a hacer los ejercicios de visualización que recomienda Napoleón Hill, puse la consecución de ese puesto de trabajo como mi nuevo deseo ardiente. Al levantarme cada mañana hacía ejercicios frente al espejo y me decía cosas positivas que me apoyaran a conseguir el trabajo, y seguir convirtiéndome en el hombre que sabía que debía convertirme para lograr lo que mi corazón anhelaba. Porque es así como funciona: primero eres quien quieres ser, después consigues lo que quieres obtener.

Estudié y puse en práctica la mayoría de los valores y principios de éxito que encontré en los libros que leía y estudiaba con tanta dedicación. Los valores son los bienes espirituales, morales y emocionales que son parte inherente de nosotros; y los principios, son las normas y prácticas que asumimos en nuestras vidas.

A continuación, te comparto algunos de ellos.

1. Actitud mental positiva
2. Precisión en los objetivos
3. Dar la milla extra
4. Claridad en el pensamiento
5. Autodisciplina
6. Creatividad
7. Fe aplicada
8. Personalidad agradable
9. Iniciativa personal
10. Entusiasmo
11. Atención controlada
12. Trabajo en equipo
13. Aprender de los errores
14. Visión
15. Administración del tiempo y el dinero
16. Salud física, mental y emocional
17. Creación de hábitos positivos
18. Mantener viva la llama de tu pasión y anhelo.
19. Mantener la disciplina de la lectura y búsqueda de información relevante en tu sector.

20. Mantenerte centrado, enfocado.
21. Trabajar duro, lo cual no significa trabajar mucho, sino trabajar de forma eficiente.
22. Evitar asociarte con personas que estén distantes de tus propósitos.

Te invito a analizar cuáles de estos hábitos tienes tú y cuáles pondrás en práctica desde hoy mismo para seguir fortaleciendo tu carácter como hombre o mujer de éxito. Porque, como te he dicho, *todas las soluciones en tu vida deben partir de ti.* Y como tú eres el responsable de tu vida y futuro, te corresponde afianzar las actitudes que ya tienes e integrar las que necesitas para pasar al siguiente nivel.

La búsqueda de tu transformación no es una gestión masiva, es un deporte individual.

Respecto al trabajo al que me postulé en ese reconocido banco internacional, meses después recibí una respuesta acorde a mis expectativas. Me asignaron a trabajar en el área financiera, específicamente de tarjetas de crédito. Me sentí muy agradecido y me prometí hacer las cosas diferentes esta vez.

Entre las responsabilidades que tenía asignadas, estaba la de buscar proveedores externos que nos suplieran el servicio de telemercadeo para ofrecer tarjetas de crédito a clientes potenciales. Sin embargo, no tardé mucho en darme cuenta de que no existía una compañía en el país que ofreciera este servicio de manera externa. En ese entonces, los bancos lo hacían todo con su personal interno. Fue esta institución internacional para la que trabajé, una de las primeras que empezó con el enfoque del *outsourcing*[2].

Como ya tenía mucho conocimiento de ventas y negocios, gracias en parte a la gran cantidad de libros con ese enfoque que me había leído hasta el momento, pude intuir que había encontrado una oportunidad de negocios, una puerta de salida, para emprender un proyecto que tendría un alcance inconmensurable de oportunidades.

Ese día, emocionado, llegué temprano a la casa de los padres de Marilú. Mientras cenábamos, le planteé la idea que ya tenía algún tiempo paseándose por mi cabeza.

—He detectado una muy buena oportunidad de negocio —le expresé inesperadamente, mientras ella servía el jugo puro que me preparaba cada noche, ante la soslayada mirada de su padre, quien veía reducirse el saco de naranjas dulce que traían de su finca, con mucha más rapidez que antes de nuestro noviazgo.

---

2 Gestión de contratar personal de otra empresa.

—¿A qué te refieres? —respondió ella, mostrando un claro interés por lo que seguía a su pregunta.

Entonces le compartí mi percepción del mercado, lo que había concluido después de mi trabajo de campo, como parte de mis obligaciones para el banco, y la oportunidad que veía en el sector de mensajería o *delivery* de apoyo a las gestiones de logística y distribución.

—Sí, todo va a ser *delivery* muy pronto —me secundó.

Y fue entonces como decidimos implementar el servicio de mensajería por encargo de manera subcontratada. Lo que hoy hace *UberEats*, Pedidos Ya, Globo y Hugo, lo comenzamos a hacer nosotros, de forma manual, por allá por el año 1995. No obstante, acepto que otros vieron la oportunidad y la mejoraron integrando la tecnología a su proceso y tomando rápidamente una gran parte del mercado. Fue una gran lección para mí como emprendedor, y desde entonces tengo como norma que para cualquier tipo de negocio debe integrarse la tecnología y automatización lo más rápido posible.

Un día, mientras hacía la labor para la cual había sido contratado en esta prestigiosa corporación extranjera, comencé a preguntarme si pasar el resto de mis días trabajando en una empresa valía la pena. En ese momento, mis circunstancias podrían resultar envidiables para muchos; tenía un excelente cargo, buen vehículo, buen sueldo, buenas conexiones... pero la realidad es que no me apetecía ser empleado para el resto de mi vida. Comencé a proyectar mi futuro y visualizar cómo quería estar en los próximos cinco, diez, veinte años. Porque si hay un hábito que caracteriza a las personas exitosas es mirar a largo plazo, no solo a corto plazo.

Comprendí que hacerme responsable de mi futuro, encargarme de mí, como había prometido a mi padre años atrás, incluía definir cómo pasaría incluso los últimos días de mi vida, y con una pensión quedas a merced de otros, no dependes de ti. Así que comencé a organizarme para dejar aquella gran institución que me había acogido. Pero esta vez, no para conseguir un empleo mejor, sino para convertirme en un emprendedor y empresario exitoso.

RECOMENDACIONES DE LIBROS DE DESARROLLO PERSONAL

1. El vendedor más grande del mundo - Og Mandino
2. El arte de la guerra - Sun Tzu
3. El mito del emprendedor - Michael Gerber.
4. Las 21 leyes irrefutables del liderazgo - John Maxwell
5. ¿Quién se ha llevado mi queso? - Spencer Johnson
6. El millonario de al lado - Thomas Stanley
7. El hombre más rico de babilonia - George Clason
8. La transformación total de su dinero - Dave Ramsey
9. El millonario instantáneo - Mark Fisher
10. La ciencia de hacerse rico - Wallace Wattles
11. Dinero: Domina el juego - Tony Robbins

RECOMENDACIONES DE LIBROS DE NEGOCIOS

1. Los secretos de la mente millonaria - T. Harv Eker
2. Padre Rico, Padre Podre - Robert Kiyosaki
3. Piense y hágase rico - Napoleón Hill
4. Los 7 hábitos de la gente altamente efectiva - Stephen Covey
5. La vaca púrpura - Seth Godin
6. Esto es Marketing - Seth Godin
7. El cuadrante del flujo del dinero - Robert Kiyosaki
8. Historias de Éxito - Robert Kiyosaki
9. La ganancia es primero - Mike Michalowicz
10. Las 22 leyes inmutables del marketing - Al Ries y Jack Trout
11. La venta triangular - Luis Valdivieso Llosá
12. El código del dinero - Raimon Samsó
13. Guía para invertir - Robert Kiyosaki

BUSCAR SOLUCIONES Y TOMAR DECISIONES: DOS ASPECTOS DECISIVOS EN TU CAMINO AL ÉXITO

*El «no» es parte del proceso estadístico
de la rentabilidad de lo que quieres conseguir.*

César Villanueva

Si eres capaz de detectar un problema y darle una solución práctica, tienes grandes posibilidades de desarrollar un negocio exitoso. Así de simple. Algunos creen que hay que tener el proyecto más original del mundo para poder trascender con un emprendimiento. Desde mi punto de vista, si tu negocio representa la solución a un problema, es fácil de entender y duplicar, tienes una idea ganadora. Entender esto fue lo que me hizo detectar fácilmente la oportunidad de negocios existente con relación al servicio de mensajería *outsourcing.*

Pero si crees que tenía dinero para montar el negocio, te equivocas. Aunque tenía muy buen trabajo, no tenía el capital necesario para echarlo a andar. Así que hice lo que hacen muchos emprendedores: contactar familia y amigos para hacerlos partícipes de mi gran idea.

Antes hice un plan estratégico de negocios y financiero, porque un emprendimiento sin un plan inicial difícilmente comience por buen camino. Una vez que tuve todos mis cálculos y proyecciones en orden, invité a cuatro parejas de amigos, en quienes podía confiar y entenderían la gran oportunidad que les estaba presentando.

—¿Qué les parece? —pregunté, visiblemente emocionado al final de mi presentación. Un incómodo silencio inundó el lugar por unos segundos.

—En este momento estoy enfocado en mi negocio, Villanueva. Lo siento —dijo el marido de la primera pareja que dio su veredicto.

—A mí me encantaría apoyarte, es una buena idea, lo veo. Pero no tengo dinero —dijo el segundo, intentando emular inútilmente que compartía mi emoción.

—Bueno, creo que es un paso muy arriesgado, eso no se ha visto aquí en este país. Por mi parte, estoy fuera —dijo el tercero, dando paso a que la cuarta pareja dijera algo parecido al resto.

No voy a negar que me sentí decepcionado. Podía ver claramente la gran oportunidad que estaba enfrente, pero no era así para los demás. Y aunque no obtuve lo que quería en ese momento, entendí que el «no» es parte del proceso estadístico de la rentabilidad de cualquier cosa que quiera conseguir. Así que no me sentí ofendido. Al contrario, esos «no» me sirvieron como un reto a conquistar.

Seguí buscando opciones. Hablé con otro amigo, a quien considero un hermano. Le expliqué el proyecto con detalle y le ofrecí incluirlo en el negocio con un beneficio igualitario del cincuenta por ciento. Para mi sorpresa, también declinó la oferta.

No podía creerlo. Ahí estaba yo, con una buena idea entre manos. Una que resolvía el problema de muchísimas instituciones que podían pagar muy bien ese servicio, pero sin capital para arrancar el negocio, y hasta el momento nadie había creído o entendido, lo que yo veía.

Hablé con un sexto prospecto de socio, quien después de hacerme algunas preguntas aceptó entrar conmigo a la sociedad, teniendo beneficios a partes iguales. Error de novato. Cuando eres tú quien tiene la idea de negocios y sabes hacia dónde quieres dirigirla, estar atado a que tu opinión vale si el otro aprueba, es una situación que te atrasa muchísimo en el camino y que puede provocar algunas incomodidades. Tal como pasó en esta ocasión.

Todos los cheques que salían debían ser firmados por mí y mi socio. Sin razón aparente, llegó un momento donde conseguir su firma era tan difícil como conseguir que te pagaran un cheque del gobierno a tiempo. Esto comenzó a generar enfrentamientos entre él y mi esposa Marilú, quien se encargaba de las finanzas de la empresa. Llegó un momento en que el asunto se volvió insostenible.

—Lo siento, César. No puedo trabajar más con Enrique. Siento que me falta el respeto, es agresivo sin ninguna razón. No voy a seguir exponiéndome a eso —me dijo, con voz decidida.

En cuanto Marilú me comunicó la situación, tomé medidas para resolverlo. A pesar de mis esfuerzos, nada mejoró en las siguientes semanas. Y como la libertad y la familia son valores importantes en mi vida, decidí notificarle el deshacimiento de nuestra sociedad, y cada quien tomó su camino.

Me encontré solo nuevamente y requiriendo recursos para continuar con el negocio. Como estaba consciente de que el papel de un emprendedor es buscar soluciones, no me detuve ni me desanimé hasta que encontré la forma de seguir operando. Y fue así como una mañana de invierno el padre de Marilú me dio la buena noticia de que me prestaría el dinero para continuar con mi aventura empresarial. Una aventura bien calculada, por supuesto, pues la planificación es elemental si quieres tener éxito en cualquier cosa que hagas en la vida. En el siguiente capítulo te hablaré al respecto.

Registré la compañía y eché el negocio a andar. Renuncié al banco y al último trabajo como empleado que tendría en la vida, dispuesto a darlo todo por mi empresa. Fue de este modo como fundé a Domicilio Expreso Nacional, nombre original que tenía la empresa que hoy se conoce como Domex.

Las cosas iban marchando bien, pero mi capacidad de riesgo y ejecución asustaban un poco a mi último socio. Así que tuve que buscar a alguien más que estuviera dispuesto a tolerar mis «locuras» y fue así como contacté nuevamente a ese amigo casi hermano que te comenté hace unos pocos párrafos.

Esta vez, después de las experiencias societarias pasadas, puse reglas claras desde el inicio:

—No quiero tener que solicitar tu autorización para ejecutar mis ideas o estrategias en el negocio, firmar un cheque o algo por el estilo. Tú puedes pedir los estados financieros o cualquier documentación cuando quieras, pero tendré total libertad de ejecución. Y ya no sería a partes iguales, pues el negocio está andando y ahora necesito menos dinero. Si estás dispuesto a hacerlo de esa forma, ¡hagámoslo! —le dije.

Mi interlocutor me miró por unos segundos y luego replicó:

—Confío en ti, hermano. Haz lo que tengas que hacer. Dime dónde te deposito y dónde firmo.

Y fue así como cerré la negociación con quien hoy, veinticinco años después, aún es mi socio y una de las personas a quién más agradezco en mi vida, por su confianza y amistad.

Si estás emprendiendo o ya lo hiciste, y crees que necesitas un socio para empezar o continuar con tus operaciones, te invito a analizar cuál es el motivo que tienes para tomar esa decisión, pues el hecho de tener un socio por las razones equivocadas es uno de los mayores dolores de cabeza de los emprendedores en sus inicios.

El emprendedor nunca debe ceder la responsabilidad del desarrollo comercial del proyecto.

Si me preguntaras directamente si es bueno asociarse o no, te diría que es una decisión acertada si tu socio hace un aporte que tú no puedes hacer. Por ejemplo: si te vas a asociar para poner un restaurante y la otra persona es chef, obviamente tú necesitas el socio; pero, si tú eres el chef y quien conoce todo el concepto del negocio, probablemente tú no necesitas un socio, sino un asesor. No confundas la necesidad de un socio con la necesidad de un asesor o inversionista. Si necesitas dinero, tu socio ideal es el banco. Y si necesitas un socio asesor, porque es un experto en un área que desconoces, manejo de redes sociales y marketing digital, por ejemplo, no tienes que darle parte de las acciones de tu compañía. Mejor lo contratas y le pagas con base en su nivel de productividad.

También tienes otras opciones: los llamados inversionistas ángeles o figuras legales, como la sociedad condicionada. Esto te protege y al mismo tiempo te da tranquilidad para tomar las decisiones de tu negocio. Toma en cuenta que educarte para tomar esas decisiones de manera acertada es elemental para tener éxito en tu camino a la riqueza. De hecho, es la primera regla de riqueza que aprendí en mi vida.

Ahondemos en el siguiente capítulo acerca de las diez leyes del dinero, que he seguido a través de mi vida. Hoy te las comparto para que puedas obtener los mismos resultados en la tuya. Sigue leyendo.

RAZONES EQUIVOCADAS PARA CONSEGUIR UN SOCIO

- Porque esa persona tiene el dinero que crees no poder conseguir de otra forma.

- Porque es tu amigo (o familia) y «lo quieres ayudar».

- Porque fue la primera persona a quien le hablaste del proyecto y creyó en ti.

- Porque tiene muchas relaciones y es «famoso».

- Porque es muy inteligente y «sabe mucho de eso», o porque te lo recomendaron como socio.

RAZONES ACERTADAS PARA CONSEGUIR UN SOCIO

- Cuando la parte operativa requiere de un conocimiento específico que tú no tienes y el potencial socio sí.

- Cuando esa persona tiene una amistad sincera contigo y está dispuesto a asumir riesgos y compromisos con la empresa.

Nota: si tomas esta decisión es imprescindible que exista un acuerdo condicionado de sociedad[3].

Las ansias de tener éxito y el desconocimiento te pueden conducir a tomar decisiones desacertadas, pero un emprendedor nunca debe ceder la responsabilidad del desarrollo comercial del proyecto.

---

3 Acuerdo que regula los derechos para adquirir las acciones, después de un tiempo y trabajo realizado.

05

PRINCIPIOS ELEMENTALES PARA
GENERAR RIQUEZA

*No se trata de correr tras el dinero,
sino de conocer y entender su rastro.*

César Villanueva

Cada persona que ha forjado su propio camino tiene leyes propias que han sido definidas con base en los resultados obtenidos por la constancia en ciertas prácticas. En este capítulo quiero compartirte las diez leyes del dinero que, según mi experiencia, hacen alusión al patrón del cual debes guiarte para ser exitoso.

Espero que te resulten útiles y que te ayuden a crear tus propias leyes, pues recuerda que eres el arquitecto de tu destino. Comencemos.

LEY DEL DINERO #1
LA LEY DE LA INFORMACIÓN

Cuando hablamos de las leyes del dinero, la información es la regla número uno. Como buscador de oportunidades y negocios, tienes que estar atento respecto a dónde está la información de calidad que te va a llevar a tomar buenas decisiones.

Una pregunta que debes hacerte para encontrar información adecuada a tus propósitos de éxito y riqueza es «¿hacia dónde se está moviendo el dinero?». Por ejemplo, si el dinero se está moviendo a través de las inversiones en la Bolsa de Valores, pregúntate «¿hacia dónde está yendo ese dinero?» «¿En qué parte, en qué tipo de empresa se está invirtiendo?» «¿Empresas tecnológicas o de otro tipo?». Si la respuesta es las empresas de tecnología, entonces tienes una idea de hacia dónde tienes que enfocar tu atención, una pista de oportunidad de negocios.

Con la información adecuada las personas vendrán a ti y, en consecuencia, el dinero.

Una de las mayores ventajas de tener información correcta y oportuna es que, una vez la tienes, el dinero comenzará a fluir hacia ti, no tú detrás de él. El esquema es: tú buscas la información, la implementas y el dinero viene hacia ti.

Uno de los mayores errores de las personas es que se enfocan en el dinero, en querer ganarlo. Sin embargo, si te enfocas en conseguir e implementar buena información que resuelva el problema de otros, este vendrá solo. Por eso te sugiero suscribirte a blogs y revistas que ofrezcan este tipo de información. Lee libros y escucha noticias referentes al tema. Siempre mantente alerta, porque donde está la información, está el dinero.

INFLUYENTES DE NEGOCIOS QUE PUEDES CONSIDERAR PARA INFORMARTE

- Vilma Núñez
- Sabri Suby
- Neil Patel
- Martha Emerson
- Romuald Fons
- Dan Lok
- Derek Moneyberg
- Lewis Howes
- Grant Cardone
- Evan Carmichael
- Gary Vaynerchuck
- Robert Kiyosaky
- Victor Kuppers
- Juan Diego Gómez

LEY DEL DINERO #2
LA LEY DEL DESCUBRIMIENTO DE LAS NECESIDADES

El dinero sigue las soluciones. Sigue lo que facilita y mejora la vida de las personas. ¿Y cómo puedes hacer esto? Te daré una fórmula sencilla de cuatro pasos y dos etapas que puedes aplicar ahora mismo.

Primero: analiza qué necesidades tienes, qué asuntos te crean dificultad, qué te afecta. Este análisis puedes aplicarlo a muchos niveles: movilización, disfrute, estudio, relaciones y otras áreas.

Segundo: analiza qué afecta a las personas de tu entorno cercano. Amigos, familiares, pareja, compañeros de estudio, vecinos, etc.

Tercero: observa cuáles son las necesidades de tu comunidad o un área más amplia de personas que puedas visualizar.

Si esa necesidad coincide contigo, con tu familia, seres queridos, y tu comunidad, entonces tienes un potencial proyecto de negocio exitoso.

Bien, ya descubriste un problema que está afectando a muchas personas. Ahora pasamos a la segunda etapa que nos ayudará a cumplir con esta ley del dinero: generar la solución. Lo mejor de todo es que no tienes que inventar la rueda, es decir, puedes tomar una solución que ya existe y mejorarla. O si tienes un sentido más innovador, crear algo que aún no se ofrezca y darlo todo.

Si tú, tus amigos y tu entorno tienen una necesidad que puedes suplir, tienes un potencial negocio exitoso.

Siempre tienes que apostar a ti mismo, apostar a que lo mejor vendrá —siempre y cuando hayas dado el primer paso hacia delante—. Eso es parte de tomar el control de tu vida. Y si quieres una sugerencia directa de en qué mercado buscar soluciones, te daré un criterio que, al aplicarlo, podrás tener éxito casi de forma inevitable: observa tus dones, emprende en un área afín y compleméntalo con tecnología. Así de fácil. Y si quieres convencerte de que esto es así, solo observa en medio de esta crisis sanitaria cuáles fueron los negocios que florecieron en la reciente pandemia: todos aquellos que han tenido su base en la digitalización, la tecnología y la distribución. No busques más.

LEY DEL DINERO #3
LA LEY DE CAPACITACIÓN Y ENTRENAMIENTO

Esta ley alude al compromiso obligatorio de educarse constantemente, que debe tener cualquier emprendedor que quiera generar riquezas y tener un negocio exitoso.

Así como te educas para ser mejor un estudiante o profesional, mejor ser humano, mejor padre o pareja, más espiritual, etc., así debes ocuparte de educarte en temas de dinero y riqueza. Pero no solo en temas financieros, sino también en esos aspectos que te competen como líder y empresario.

De ahí la importancia de asistir a seminarios, tomar cursos *online*, mantenerte leyendo o escuchando *podcasts* que tengan que ver con tu crecimiento profesional y financiero.

Esto implica administrar tu tiempo y elegir correctamente en qué vas a invertir ese espacio de tiempo en el que no estés trabajando ni compartiendo con tu familia. Si te sientes tentado a ver una novela o a pasarte dos horas en Netflix, piensa en esta ley del dinero y elige entretenerte con programas de televisión ideales para emprendedores, como *The Profit, Undercover Billonaire, Shark Tank* o *El jefe.* Busca biografías y testimonios de personas que lo hayan logrado e inspírate con ellos. Esto es lo que te va a enseñar a hacer dinero.

En mi caso, desde que me levanto escucho audios y *podcasts* que me mantienen en forma en mi carrera empresarial. Elijo entretenerme con información de calidad, en vez de escuchar temas banales o música repetitiva.

No lo olvides: si no te ocupas en aprender acerca del dinero, jamás vas a tenerlo, pues el nivel de enfoque que tengas en esto es directamente proporcional al resultado de conseguirlo.

El enfoque que tengas en prepararte y estudiar acerca del dinero es directamente proporcional al resultado de conseguirlo.

Toma en cuenta que la importancia de capacitarte no es solo en temas de dinero, sino que abarca más que eso. Mira el cuadro de la siguiente página para que veas a lo que me refiero.

Los tres aspectos en que debes capacitarte:

1. Fortalecer tu liderazgo: busca deshacerte de complejos, traumas y creencias que limitan tu crecimiento. Crecer económicamente va de la mano con ser mejor persona. Capacitarte en este aspecto implica

mejorar espiritual, filosófica y emocional-mente.

2. Generación de dinero: hay muchas formas de ganar dinero y parte de tu educación es aprender cómo hacerlo. Un individuo genera ingresos pasivos, ingresos por inversión, ingresos por royalties, inversión de dividendos, generación de ingresos de empresas, ganancias de capital, flujo de efectivo, etc. Parte de tu crecimiento implica dominar todos esos temas. No lo olvides.

3. Tu área de competencia: tienes que mantenerte aprendiendo constantemente en tu zona experta. Si eres fotógrafo, debes buscar la manera de ser el mejor fotógrafo que te permitan tus capacidades, lo mismo si eres coach, ingeniero o abogado. No importa la profesión o el oficio, debes mantenerte actualizado de manera constante para poder ser competitivo y hacer que el dinero fluya hacia ti.

Y recuerda que no necesitas tener dinero para capacitarte, el Internet hoy día hace que sea cada vez más fácil recibir educación de fuentes confiables. A continuación, te comparto una lista para que puedas comenzar hoy mismo:

CANALES DE YOUTUBE SUGERIDOS

- Convierte + con Vilma Núñez
- Evan en español
- Evan Carmichael
- Jordan B Peterson
- Ram Talks
- Invertir Mejor con Juan Diego Gómez
- Financial Mentor
- Derek Moneyberg
- Yokoi Kenji
- Alex Rovira
- The Ramsey Show
- Dan Lok
- Tony Robbins
- Ken Honda
- ECTVPLAY MOTIVATION
- Rich Dad en Español Chanel
- Robert Kiyosaki
- Sadhguru en español
- Borja Vilaseca
- Jürgen Klaric
- Libros de Audio
- Mario Alonso Puig
- Mentor Talks
- PLAZI
- YUDIS LONZOY
- Novarise Latino

LEY DEL DINERO #4
LA LEY DE CONTROL FINANCIERO O PRESUPUESTO

Toda actividad que involucre dinero, compromisos financieros, expectativas de ingresos y recaudaciones, debe tener un presupuesto para fines de control, tanto de lo que egresa como de lo que ingresa.

Los asuntos de dinero no se manejan confiando en la memoria.

Una de las reglas básicas de un negocio exitoso es que cada centavo que genere tiene que depositarse en su cuenta matriz. Uno de los errores más frecuentes que cometen los emprendedores y microempresarios, es poner dinero del negocio en sus cuentas personales y no tener un sueldo asignado.

A veces, los emprendedores abren cuentas en diferentes bancos, creyendo así que lo ponen más fácil para el cliente y la aceleración del proceso de ventas. No toman en cuenta que las cuentas bancarias representan un costo. No son gratis. Hay bancos que cobran por la cuenta, por hacer trasferen-

La falta de control presupuestario es una de las causas principales de la quiebra de los negocios.

cias, por emitir cheques, por generar el estado de cuenta, entre otros servicios. Por eso recomiendo tener dos cuentas, como máximo: una de ahorros y otra de gastos.

La primera es sagrada. Allí tendrás los ahorros que tu empresa te ha ayudado a generar y no la puedes tocar a menos que sea muy necesario u obligatorio. La otra es la cuenta de gastos y nómina, dispuestas específicamente para esos fines.

En conclusión, si te presupuestas y te apegas a ese presupuesto, manteniendo el control de tu dinero, estarás bien encaminado a una vida de riqueza.

LEY DEL DINERO #5
LA LEY DE LA SEGURIDAD Y MANEJO DEL RIESGO

El riesgo se administra, se controla y se cuantifica.

Los tiempos actuales son la mejor muestra de lo que plantea esta ley de la seguridad y manejo del riesgo. En medio de la pandemia, muchos negocios cerraron mientras que otros nos mantuvimos de pie. ¿Dónde radica la diferencia?, en qué los segundos estábamos preparados con base en una estrategia de administración o manejo del riesgo, y los primeros, obviamente, no lo estaban.

Veamos cómo puedes prepararte en este sentido.

Hay tres elementos básicos a tomar en cuenta a la hora de emprender un proyecto: **rentabilidad, riesgo y control**.

El primer punto apela a que, si el negocio no es rentable, después de un tiempo prudente y calculado, es mejor no continuarlo. No puedes tener un entretenimiento que saque dinero de tu bolsillo de manera constante. Siempre recuerda que tus ingresos deben ser mayores que tus gastos.

En segundo lugar, si no calculas y controlas el riesgo, cualquier situación anómala podría fácilmente sacudir los cimientos de tu negocio y causar su fracaso irreversible.

En términos sencillos, si un negocio no tiene respaldo líquido o en efectivo, para poder operar durante seis meses —entre o no entre dinero a la empresa— está quebrado y no se ha dado cuenta.

Esta es la razón por la que, cuando llegó la pandemia, muchos negocios se desplomaron. Ya estaban quebrados, no los quebró la pandemia.

Recuerda que, en la medida de lo posible, debes tener un mínimo entre tus cuentas por cobrar y efectivos de inversiones que puedan sostenerte durante medio año. Es una regla básica de los principios de gestión de empresa.

También, si eres un emprendedor que vive en alguno de los países que exigen a los empleadores pagar prestaciones laborales, toma en cuenta este pasivo que tendrías que pagar en el caso de que cierres el negocio o prescindas de parte de tu personal.

En conclusión, «seguridad y manejo del riesgo» se trata de que seas tú quien tenga el control de la garantía en cualquier negocio, calcular previsoramente las situaciones futuras que pudieran ocurrir y estar preparado para ello.

LEY DEL DINERO #6
LA LEY DEL ORO COMO PATRÓN UNIVERSAL

En este capítulo estamos hablando de riqueza material, de dinero. Entonces, todo cuanto tengas para definir como riqueza tiene que tener la referencia del valor «oro». Porque el oro es lo que determina el valor del intercambio, en todos los países del mundo.

Si quieres saber qué tan rico eres, pregúntate: ¿cuánto vale en oro lo que tengo? Por ejemplo, si tienes cien dólares, en realidad no tienes cien, tienes ochenta y cuatro dólares «oro», porque —al momento de escri-

Nunca olvides que todo cuánto tú hagas, tiene que mantenerte lo más cercano posible al valor del oro del mercado.

bir este libro— el dólar está más devaluado que el oro.

El oro siempre ha sido el elemento de búsqueda de los gobiernos para hacerse más ricos.

LEY DEL DINERO #7
LA LEY DE LA RENTABILIDAD

Pretender hacer un negocio sin valorar ni cuantificar la rentabilidad es un suicidio financiero. Lamentablemente, este es un aspecto en el que fallan muchos emprendedores. Tienen una idea, se apasionan con esta, idealizan los resultados y no priorizan el tema de la rentabilidad. Y si bien es cierto que casi ningún negocio genera ganancias de manera inmediata, también lo es que no anticipar esas pérdidas puede resultar —y de hecho, resulta— en el colapso financiero de la mayoría de los emprendimientos.

El concepto de hacer un negocio es obtener un lucro o ganancias para que sea autosuficiente y autosostenible en el tiempo. De ahí la importancia de cuantificar la rentabilidad, definir desde el inicio cuánto se espera ganar sobre el total de ingresos netos, un 10 %, 20 %, 30 %... eso lo decides tú y lo que sea que vayas a comercializar. También tener expectativas sobre los rendimientos del capital invertido de un 20 %, 30 % o mas, pero siempre mayor que la inflación de tu país. Es tu decisión en qué vas a invertir o gastar esas ganancias: causas sociales, lujos, ayudar a tu familia, nuevas inversiones o proyectos, por mencionar algunos.

Sin embargo, cada transacción tiene que representar por lo menos un 20 % de beneficios, esto después de haber sumado los costos directos e indirectos. Observa que este margen de ganancia del 20 % es lo mínimo que debes aspirar a ganar. Para eso hay que hacer una revisión mensual de los estados financieros, realizar ajustes y cambios cada tres meses, y decidir si cambias de camino o está funcionando de la mejor manera.

En conclusión, si quieres saber si estás aplicando correctamente la ley de la rentabilidad en tu negocio, los estados financieros son la mejor herramienta para averiguarlo y ponerla en práctica, pues te obligan a ser disciplinado y recortar gastos cuando sea necesario, a ser creativo en nuevas fuentes de ingresos y a conocer a cabalidad el estado financiero real de tu negocio.

LEY DEL DINERO #8
LA LEY DE PRIORIZACIÓN DE INTERMEDIACIÓN

La generación de dinero basado en la implementación de un negocio exige invertir tiempo, talento y habilidad. Esto implica limitaciones de crecimiento, pues cada ser humano solamente cuenta con veinticuatro horas del día y recursos limitados, en general. Es por esto que, si generar riquezas es parte de tu objetivo, lo ideal es crear un negocio basado en intermediaciones, o lo que también se llama «cadenas de proveedores o servicios».

Piensa en grandes compañías como Amazon, Facebook, Microsoft y Google. No son vendedores, son intermediarios entre un vendedor y un comprador. Pongamos un ejemplo más local: el Banco Popular. Se trata de uno de los bancos más grande de República Dominicana, porque es un intermediario financiero, que tiene doscientas sucursales, plataformas tecnológicas y mejores accesos tecnológicos que cualquier otra.

Si pensamos en esto, está claro que para tener garantías de abundancia y éxito hay que potencializar nuestro negocio sobre una plata-

Para tener garantías de abundancia y éxito hay que potencializar nuestro negocio sobre una plataforma de intermediación.

forma de intermediación. Por ejemplo, una persona que hace dulces, que le va bien y tiene un par de ayudantes, sin duda es un empresario, pero su negocio no está sustentado en una cadena de intermediación. No es escalable.

Ahora bien, si esa misma persona visita trescientos establecimientos que reciban personas y negocia con ellas de manera que ambos ganen, entonces convierte su negocio en escalable y aumenta sus posibilidades de ganancias por el solo hecho de haberse apalancado de la intermediación.

Es decir, si quieres que tu negocio prospere rápidamente, la intermediación o la escalabilidad deben ser una de tus prioridades.

LEY DEL DINERO #9
LA LEY DE LA FÁCIL DUPLICACIÓN

Sé que a muchos emprendedores les parecerá contraproducente esta ley, pero es la realidad. ¿Recuerdas que en el capítulo pasado tratamos este tema? Cuando tienes un negocio que representa la solución a un problema, que es de fácil entendimiento y tiene la capacidad de duplicación, es decir, que otras personas lo puedan hacer fácilmente, entonces hay potencial para un negocio exitoso. De ahí nacen las franquicias y los negocios de redes.

Y si estás pensando que es una locura tener un negocio que se pueda copiar fácilmente porque tienes miedo a la competencia, te diré esto: no le temas a la competencia, mejor conócela e inspírate en lo que hacen para mejorar tu propio emprendimiento.

No le temas a la competencia, mejor conócela e inspírate en lo que hacen para mejorar tu propio emprendimiento.

Pueden existir más empresas como la tuya, pero no todas pueden crear la conexión emocional y leal que tienen tus clientes contigo. Es por eso que conseguir y mantener una relación con tu cliente es uno de los mayores activos que puedes tener como dueño de negocio. Los clientes que tienen un tiempo contigo son esos que te darán respuestas clave para tu crecimiento. Pregúntales: ¿Qué necesitan? ¿Qué puede hacer tu negocio para mejorar? ¿Qué hace bien para reforzarlo?... Y cualquier otra pregunta que te mantenga creciendo y mejorando en el juego empresarial.

Es decir, si te equivocas, asume tu error y siempre mantente dispuesto a escuchar a tu cliente. Si tienes estos dos puntos en cuenta, tener la virtud de un negocio fácil de copiar no será un problema para ti.

LA LEY DEL DINERO #10
SIEMPRE TEN UN PLAN DE TRABAJO

Ya hemos planteado que el dinero no llega de manera fortuita. Es un asunto que se logra con diferentes estrategias como hemos visto más arriba. Sin embargo, la ley que no debes pasar por alto en ningún caso es la de crear y ejecutar un plan de trabajo.

Recuerda que el dinero se genera a través del intercambio de soluciones, servicios o bienes que se hacen con una persona. Con cuantas más personas interactúes, más dinero ganas, ese es el premio. Pero para que esto suceda de manera sistemática y escalable debes tener un plan.

> El emprendedor que triunfa es aquel que no se detiene a esperar los frutos.

En este sentido, lo ideal es asumir la posición de sembrador en vez de cosechador. Debes organizarte y trabajar por tus resultados para luego recoger el fruto de tu trabajo. Si pretendes hacer lo contrario, ganar sin trabajar, entonces podría traducirse en avaricia y ese no es el tipo de riqueza que estamos enseñando aquí.

El emprendedor que triunfa es aquel que no se detiene a esperar los frutos, ni los espera inmediatamente, porque sabe que los resultados parten de su preparación, planificación y acción.

En este plan que te propongo, debe estar calculada la rentabilidad, priorizado el presupuesto, delimitado qué vas a ofrecer, a qué clientes vas a servir y cómo lo vas a hacer, sin olvidarte de establecer tácticas para conseguir lo que te has propuesto.

Estos son los ocho sencillos pasos para llevar a cabo un plan de trabajo exitoso. El mismo que he usado para hacer realidad mis proyectos de negocio, y que más adelante resumo:

1. Propósito
2. Visión
3. Descripción del servicio o producto
4. Definición del mercadeo meta
5. Estrategias de mercadeo, publicidad y ventas
6. Estructura de costos y gastos
7. Estructura de inversión de capital
8. Analíticas financieras

LA PLANEACIÓN ESTRATÉGICA DE TUS PROYECTOS

Al llegar a esta etapa, tanto de la lectura de este libro como de tu convencimiento de que debes actuar por tus sueños, lo siguiente es plasmar de forma organizada las acciones que te guiarán a la implementación de ese anhelado proyecto. Todos los proyectos por más pequeños que sean deben tener una guía o un plan, al que le incluiremos como título distintivo la palabra «estratégico», porque es lo que más te puede ayudar a caminar por la ruta que los que llegaron primero nos han sugerido. Aquí no pretendo destacar las profundidades ni grandes alcances de un plan estratégico de negocios, sino, más bien, las principales pinceladas que debes seguir y que te detallo a continuación con mucho entusiasmo.

Lo primero es describir la **definición del proyecto (1)**. Esto incluye la descripción del propósito, a quienes vas a impactar y lo que quieres lograr. Luego, debes continuar con la **descripción de tu mercado (2)**, que es la identificación de tus potenciales clientes o territorios, en los cuales adviertes que puedes impactar positivamente, ya sea por la innovación o por la mejora del producto o servicio existente en ese mercado objetivo. El siguiente paso importante es la determinación de un modelo de **estimaciones financieras (3)** de costos, márgenes e ingresos. Aquí es necesario detallar los requerimientos de inversión para establecer el proyecto y su posterior administración de control financiero.

Continua con la descripción de tres **objetivos, estrategias y tácticas de tu proyecto principal (4)** establecidos previamente en el punto uno (1), y asocia con tres estrategias para cada objetivo descrito. Las estrategias son las acciones que detalladas en amplitud se ejecutan en formato de tácticas ejecutorias. Estas tácticas ejecutadas son los pasos que debes seguir disciplinadamente para la realización de tu proyecto. Es como la tarea que debes hacer para poner en funcionamiento tu proyecto.

Y como todo lo que se pretende mejorar debe medirse, el siguiente paso es la **aplicación de indicadores de medición (5)** de las ejecuciones y progresos, que consiste en la comparación de los indicadores financieros marcados de tus objetivos con lo realizado o ejecutado en un periodo cualquiera. Este proceso te ayuda a tomar las medidas de negocios que debes reorientar para evitar mayores riesgos.

Así mismo, como todo tiene sus incertidumbres, te recomiendo insertar una analítica que llamaremos **FODA (Fortaleza, Oportunidades, Deficiencias, Amenazas) (6)**. Aquí bien podrías hacer un grupo de amigos y compartir los puntos descritos en la definición del proyecto, para lograr una lluvia de ideas y observaciones que debes clasificar en cada letra de la palabra FODA. Este ejercicio es la práctica de negocios más aplicada por las empresas para establecer sus metas y advertir consideraciones en su toma de decisiones. La planeación estratégica deberá ser actualizada cada cierto tiempo y no deben transcurrir más de tres años para ajustar tus expectativas y resultados.

Puedes encontrar muchos libros y fuentes que explican en detalle con más alcance y variedad todo lo que conlleva un plan estratégico de negocios, por lo que mis consideraciones son muy resumidas y prácticas para un emprendedor con el corazón ardiente para empezar. Adelante, que en la práctica esta la perfección.

LAS 10 LEYES DEL DINERO

Ley N°. 1	La ley de la información
Ley N°. 2	La ley del descubrimiento de las necesidades
Ley N°. 3	La ley de capacitación y entrenamiento
Ley N°. 4	La ley del control financiero o presupuesto
Ley N°. 5	La ley de la seguridad y manejo del riesgo
Ley N°. 6	La ley del oro como patrón universal
Ley N°. 7	La ley de la rentabilidad
Ley N°. 8	La ley de priorización de intermediación
Ley N°. 9	La ley de la fácil duplicación
Ley N°. 10	La ley del plan de trabajo

LOS 10 ERRORES MÁS COMUNES A LA HORA DE EMPRENDER

> *Errar no es perder.*
> *Es el pago que haces por conocer lo que debes*
> *y no debes hacer para tener éxito.*
>
> *César Villanueva*

Emprender no es tan sencillo como algunos quieren sugerir. Hay mucho trabajo que hacer si de verdad quieres ser exitoso con tu emprendimiento. Y parte de ese trabajo es aprender de tus errores o de los ajenos para avanzar cada día en tu meta, sin que esto suponga una repetición innecesaria de desaciertos.

El éxito y las grandes ganancias no llegan de inmediato.

En mi experiencia de décadas haciendo negocios, he podido resumir en diez los principales yerros que cometen la mayoría de los emprendedores y te los quiero compartir a continuación para que evites caer en esas trampas, ya que pueden retrasarte o entorpecer el camino hacia tus sueños.

ERROR #1: PENSAR Y ACTUAR EN GRANDE MIENTRAS SE ESTÁ EMPEZANDO DESDE CERO

Comenzaremos por aquí, porque este, desde mi punto de vista, es el error más común a la hora de emprender. No está mal que pienses y sueñes en grande, pero tienes que actuar con prudencia, comedimiento y poco a poco, sobre todo cuando estás empezando desde cero. Como emprendedor debes saber que el éxito y las grandes ganancias no llegan de inmediato.

Si, por ejemplo, quieres poner una tienda, no te enrolles desde el inicio rentando o comprando locales, remodelando y adquiriendo inventario que aún no sabes si va a circular. Tampoco quieras abrir sucursales a los dos o tres meses si aún la primera tienda no está rindiendo los frutos suficientes para pensar en expandirte.

En los inicios de una de mis empresas, Domex Courier, el tema de la expansión —a destiempo— fue uno de los que más me tentó. Un amigo me mostró de mil maneras por qué expandirnos hacia el extranjero era una buena opción. Después de un tiempo, me pareció buena idea e incluso viajamos a Guatemala para conocer las condiciones del mercado, dónde podíamos establecernos y demás.

Al regresar del viaje, había algo en mí que no se sentía del todo bien y llegó un pensamiento a mi mente que determinó el futuro de esta decisión:

«¿Cómo voy a priorizar la internacionalización de mi negocio cuando todavía en mi país no soy líder? Debería estar liderando aquí, antes de pensar en irme a otro país donde gastaré el triple, donde no tendré control suficiente y donde ni siquiera vivo o conozco las leyes a cabalidad», reflexioné.

Eso fue todo. Decliné la idea de expandirme en ese momento.

Así que mi recomendación para ti es: piensa en grande, pero actúa con discernimiento y prudencia. Recuerda que no puedes pensar en internacionalizarte hasta que no hayas dominado el mercado local. Ya habrá tiempo para eso.

ERROR #2: GASTAR LAS PRIMERAS GANANCIAS

Esta es una confusión y un gran error que comete la mayoría: gastar sus primeras ganancias, cuando la realidad es que estas primeras utilidades deberían ahorrarse, no gastarse. Obviamente, debes tener un sueldo que te permita vivir dignamente y que se asemeje, en la medida de lo posible, al salario que ganaría otra persona con esa misma posición laboral. Aparte de ese sueldo, deberías tener al menos un 10 % de tus ganancias dispuestas para ahorro y el resto para inversión, ponerlo en un certificado en dólares, o hacer algún movimiento que rentabilice ese dinero.

Si es una cantidad importante, puedes comprar una propiedad y alquilarla, montar otro negocio o invertirlo de alguna forma que ese dinero produzca más dinero.

¿Cuál es el error que cometen muchos emprendedores? Sacan la ganancia y la gastan comprando un reloj costoso, zapatos o ropa «de marca», cambiando el vehículo, brindando a sus amigos en las fiestas, etc. Y adivina qué, ese dinero se queda gastado, no regresa, porque no ha sido invertido sabiamente. Y me imagino que tú no quieres hacer eso, ¿verdad?

Así que, desde ahora, planifica bien lo que vas a hacer con tus primeras ganancias y, si ya eres un emprendedor con algún tiempo en tu negocio, haz un plan para ahorrar tu 10 % y convertirte en un empresario próspero que usa su dinero sabiamente.

ERROR #3: NO PAGAR BIEN A EMPLEADOS CLAVES

Este error suele ser cometido por los emprendedores que creen que son «todólogos», que pueden hacerse cargo de muchas cosas por sí solos o que pueden poner a un empleado a hacer mil cosas pagándole el mínimo.

Nunca pienses en ahorrar en cuanto a personal clave se refiere. No digo que pagues muy bien a todos tus empleados, sobre todo si no puedes, porque tu estructura no lo soporta. Sin embargo, tu personal de desarrollo de la empresa tiene que ser competente y bien remunerado, porque son ellos quienes te van a dar la tranquilidad y comodidad, o van a generar las condiciones para que puedas descansar. En mi caso, mis principales aliados son los Directores de áreas y líneas de negocios.

No olvides que siempre es importante que el personal clave se sienta bien remunerado, porque cuando tienes personas capacitadas que también se sienten entusiasmadas, serán personas leales que aportarán todo su talento para que la empresa crezca y tú descanses. Recuerda que la idea de ser emprendedor no es trabajar más, sino crear una empresa que te permita tener más tiempo y disfrutarlo e invertirlo en otras cosas como en tu vida personal y familiar.

Recomendación: a la hora de contratar un empleado clave, pregúntate si invitarías a esa persona a ser tu socio. Si no eres capaz de proyectarla como posible socio de tu empresa, con base en sus valores de lealtad, consistencia y estabilidad, entonces no es una decisión acertada.

Cuando un empleado tiene el potencial para ser tu socio, si así lo desearas, contratarlo y mantenerlo es una decisión sana y sabia.

ERROR #4: MINIMIZAR EL POTENCIAL DE CRECIMIENTO DE TU NEGOCIO

Esto sucede cuando el emprendedor otorga acciones de su potencial empresa a otra persona, sin medir los motivos o consecuencias. Este es un error muy común: adoptar un socio por las razones equivocadas. Aquí te planteo algunas de esas razones erróneas:

1. Porque el socio potencial tiene un dinero que tú crees que no tienes.

2. Porque es tu mejor amigo, o familiar querido y quieres «ayudarle».

3. Porque fue la primera persona a quién le hablaste del proyecto y creyó en ti.

4. Porque tiene muchas relaciones y es famoso.

5. Porque es inteligente, estudió bastante y sabe mucho del tema en el que quieres emprender.

6. Porque te lo recomendó el compadre del primo, del dueño de tal empresa o lugar.

Hay otras razones por las que se comete el error de adquirir un socio que en realidad no necesitas. Pero si quieres un medidor para saber si la razón es correcta o no, analiza si alguna emoción (positiva o negativa) te está llevando a tomar la decisión. Si es así, no es buena idea.

Ahora bien, ¿cuándo es buena idea? Cuando la parte operativa requiere de un conocimiento específico que tú no tienes o cuando esa persona tiene una buena amistad contigo y puede hacer un aporte real al crecimiento de tu sueño.

ERROR #5: NO HACER ACUERDOS PRENUPCIALES

Ya sé que este no es un libro sobre relaciones, pero la realidad es que una sociedad es una especie de matrimonio. Y así como en el matrimonio hoy en día está muy bien valorado hacer acuerdos prenupciales de separación de bienes, en las empresas, los socios deben tener acuerdos que establezcan los derechos de cada accionista de manera clara.

¿Por qué es un error no poner las cosas claras y por escrito desde el inicio? Porque puedes hacer un acuerdo verbal con ese amigo o familiar al que decidiste darle una parte de tu sueño y resulta que, como la idea es tuya, pones todo de ti y esa persona hace el mínimo. A fin de cuentas, tienes que repartir en partes iguales por lo que tú has trabajado, sin que el otro lo merezca. Pero si desde el inicio hay acuerdos por escrito que establecen qué debe hacer cada uno, y cuáles son las consecuencias de que esto no suceda, tienes una salida a esa situación o persona que está perjudicando tu emprendimiento y a ti mismo.

Recomendación: este acuerdo por escrito debe estipular que se entreguen reportes de forma periódica que atestigüen la ejecución de cada una de las obligaciones de las partes en sus respectivas áreas. Esto eleva la posibilidad de que se realicen, y en caso de que esos documentos no sean entregados, tienes un aval para sacar a esa persona de la sociedad sin mayores consecuencias.

ERROR #6: SOLICITAR GRANDES INVENTARIOS SIN TENER REFERENCIA DE ROTACIÓN

Muchas personas, al iniciar un negocio de cualquier índole, creen que llenando la vitrina de artículos impactarán positivamente sus ventas. Y la verdad es que la mejor estrategia es manejarse con la menor cantidad de artículos posibles, porque el inventario es dinero. A mayor inventario, mayor inversión. Además, en el principio, no tienes estadísticas reales de rotación de los inventarios, por eso no sabes cuál producto tendrá más salida o cuál se estancará.

Lo ideal es que tengas el inventario de todo lo que representa el 80 % de tus ventas. Usualmente ese 80 % de los ingresos lo representan el 20 % de tus clientes. Debes enfocarte en los productos de mayor demanda de tus clientes, y aquellos productos que no se vendan con una alta rotación, no debes ni siquiera tenerlo en tus inventarios. Recuerda que el tema no es tener mucho inventario o muchos clientes, sino que tengas un inventario basado en la demanda y en la rotación.

ERROR #7: EMPRENDER CON RECURSOS PROPIOS SIN APALANCAMIENTO FINANCIERO

En este sentido, hay dos tipos de errores que debes evitar. El primero es iniciar tu negocio con todos tus ahorros o los ahorros de tus padres. No puedes invertir de entrada todo lo que tienes o lo que ellos tienen, porque después no tendrás capital para trabajar. Sobre todo, porque no estás seguro de que el emprendimiento generará dinero desde el inicio.

El otro error es poner en marcha un negocio con cero pesos de inversión propia y el 100 % de un préstamo que solicitaste en el banco. Lo ideal es que emprendas con el 50 % de dinero propio y el resto con dinero del banco. Para hacer una inversión

Jamás tomes todos los ahorros de tus padres para poner un negocio.

en una infraestructura, debes tener qué perder al igual que el banco, porque cuando emprendes en un proyecto sin nada que perder, tu nivel de entendimiento y confianza en ese proyecto es bajo. Esa es la razón por la que los bancos te prestan un porcentaje de tu capital.

Así que, si puedes dividir la procedencia de la inversión y tienes un plan de negocio realista y aterrizado, estarás en el camino correcto.

ERROR #8: FALTA DE HONESTIDAD

No seas tramposo.

Hay emprendedores que creen en la utopía de que pueden sobrevivir engañando a los clientes; por ejemplo, vendiéndoles menos cantidad de lo que han ofrecido en la negociación, bajando la calidad del producto, no cumpliendo con las horas de trabajo establecidas, etc. Nada más lejos de la verdad.

Incluso, es casi seguro que este tipo de emprendedor que es capaz de engañar a los clientes también engañe a sus empleados, proveedores y a todos aquellos que eventualmente puedan verse involucrados con el emprendimiento.

La honestidad y la transparencia son cualidades que te van a llevar lejos si las aplicas en tu negocio, pero también te pueden hundir si careces de ellas. No hay nada que viaje más rápido que las malas acciones de alguien. No lo olvides.

ERROR #9: HACER UN NEGOCIO SIN SOPORTE TECNOLÓGICO

En este sentido no abundaré mucho, pues es obvio que en los tiempos actuales, quien emprende sin tener una presencia digital importante, está nadando contra la corriente. Una página web bien diseñada, unas redes sociales que informen y eduquen a tus clientes, son elementos que no puedes pasar por alto en tu emprendimiento.

Como dice Vilma Núñez: «un cliente educado es un cliente con la cartera abierta». ¿Y cuál es el mejor canal para llegar a tus clientes y educarles?: los medios digitales.

ERROR #10: AUSENCIA DE CAPACITACIÓN

Este concepto abarca tanto al líder del emprendimiento como a su equipo. No importa qué tan bueno seas en ventas, en finanzas o cualquier otro campo dentro de tu emprendimiento, si no te capacitas y no capacitas a tu equipo para que se mantengan constantemente en proceso de mejora, innovación, creatividad, relaciones con los clientes, etc., tu negocio se va a estancar. La capacitación es vital en una empresa.

Actualmente hay muchas opciones para capacitarse. En mi caso, utilizo los servicios de INFOTEP (Instituto Nacional de Formación Técnico Profesional) que se ofrecen a los empresarios dominicanos y también recurro a la capacitación a través de la plataforma web *Coursera*. Como emprendedor y empresario, te recomiendo tener un *coach* o mentor, a quien puedas recurrir cuando tengas alguna duda, o contarle cómo te sientes y lo que estás haciendo.

Si gustas de la TV, te recomiendo estos programas que de seguro te ayudarán en tu tarea de crecer como emprendedor y empresario: *Tanque de Tiburones, The Profit, Undercover Billonaire, Billons.*

Y si eres de los que usan las redes sociales para aprender, te dejo la lista de emprendedores influyentes que recomiendo:

- Vilma Núñez
- Sabri Suby
- Neil Patel
- Martha Emerson
- Romuald Fons
- Dan Lok
- Derek Moneyberg
- Grant Cardone
- Bob Proctor
- Ray Dalio
- Dave Ramsey

- Juan Diego Gómez
- Mel Robbins
- Adam Grant
- Wayne Dyer

Recuerda que no lo sabes todo y una opinión de alguien que ha transitado tu camino puede resultar muy útil y valiosa en tu proceso de crecimiento.

Aquí están los diez errores que por lo regular impiden que los emprendedores avancen o prosperen en sus negocios. Toma nota de ellos y mantente alerta, porque el camino del emprendedor es uno que conlleva aprendizaje y crecimiento constante. Acompáñame al siguiente capítulo.

LOS 10 ERRORES MÁS COMUNES A LA HORA DE EMPRENDER

Error N°. 1	Pensar y actuar en grande mientras se está empezando desde cero
Error N°. 2	Gastar las primeras ganancias
Error N°. 3	No pagar bien a empleados claves
Error N°. 4	Minimizar el potencial de crecimiento en tu negocio
Error N°. 5	No hacer acuerdos prenupciales
Error N°. 6	Solicitar grandes inventarios sin tener referencia de rotación
Error N°. 7	Emprender con recursos propios sin apalancamiento financiero
Error N°. 8	Falta de honestidad
Error N°. 9	Hacer un negocio sin soporte tecnológico
Error N°. 10	Ausencia de capacitación

07

DECÍDETE A ACTUAR

Cultivas lo que siembras en tu mente.

César Villanueva

Es un hecho que solo aquellos que pasan a la acción consiguen resultados, es decir, quienes siembran tienen posibilidad y derecho de cosechar. Así que no importa cuánto leas, aprendas o descubras, si no pones acción no sirve de nada. El propósito de este capítulo es que entiendas la importancia de ese concepto y tengas algunas armas para poner en acción tu idea de negocio.

Lo primero que debes tomar en cuenta para pasar a la acción es que no llegará un momento perfecto para ejecutar. Ese momento debes decidirlo tú, basándote en tus conocimientos, deseos de progresar y un instinto emprendedor-empresarial que irás agudizando con el paso del tiempo.

Muchos creen que las personas exitosas carecen de miedo y por eso logran todo lo que se proponen, pero tengo que decirte que nada más lejos de la verdad. Todos los seres humanos tenemos miedo, es algo intrínseco que no se puede abandonar por más que se quiera, sobre todo porque es una herramienta de supervivencia. Imagínate, por ejemplo, que no tuvieras miedo de que te atropelle un vehículo al cruzar la calle. Cruzarías sin mirar y ya sabemos las consecuencias que esto puede desencadenar. Así que olvídate de creer que debes llegar a un estado de ausencia de miedo para actuar, porque de ser así, nunca lo harás. Más bien te diré cuál es el secreto con respecto a este tema: hay que actuar con todo y miedo.

Claro que hay aspectos que logran darte cierta seguridad a la hora de tomar la decisión de actuar, como conocer el tipo de negocio en el que estás, saber qué es lo que quieres realmente y estar consciente de que, dependiendo del grado de aceptación que tengas, así serán tus resultados. Esto contando con que has hecho el ejercicio que propusimos en páginas anteriores y has descubierto una necesidad que requiere ser cubierta.

A continuación, te comparto ideas de negocios en las que puedes emprender y algunas webs con las que puedes iniciar ya mismo sin necesidad de invertir grandes capitales. Elije aquella con la que más te identifiques ¡y comienza a actuar!

WEBS PARA DESARROLLAR EMPRENDIMIENTOS A BAJO COSTO

YouTube	Ingresos por publicidad y contenido
CLICK BANK	Mercadeo de afiliados
amazon	Por FBA. Vendedor de productos. *Fullfilment by Amazon*
Upwork	*Freelance* para revisión y aportes de contenido
Fiverr	*Freelance* para trabajos remotos

SUGERENCIAS DE NEGOCIOS EN LOS QUE PUEDES EMPRENDER

<table>
<tr>
<td>Apalancarte de Amazon</td>
<td>

Para la venta o recomendación de productos a través de sus diferentes plataformas de negocios como:

FBM *(Fullfilment by Merchant)*: este sistema de venta te permite hacer la transacción de forma directa con tu cliente, es decir, tú debes publicar el artículo que deseas vender y gestionar tanto el envío como las devoluciones en caso de que fuese necesario.

FBA *(Fulfillment by Amazon)*: te permite optimizar el proceso anterior, sobre todo, si tu demanda está aumentando ya que con este sistema solo te encargarás de proveer el producto que deseas vender a Amazon y ellos se encargarán del resto (recibirlo, almacenarlo, enviarlo, gestionar devoluciones y brindar el servicio de atención al cliente).

Programa de Afiliados: en donde podrás vender de forma online a través de enlaces especiales que Amazon te proporcionará, los diferentes productos que este ofrece, ganando una comisión por ello. Este sistema ayuda sobre todo a creadores de contenido, blogueros y personas que tienen una comunidad fidelizada.

</td>
</tr>
</table>

Dropshipping	Es un modelo de negocio o método de venta que te permite ofrecer productos a través de una página web o tienda electrónica, aunque no poseas inventario.
Social Media Manager	Muy demandado en la actualidad. Ya que todos los emprendedores y empresas que quieran posicionarse en el mercado requieren estar presentes en el mundo de las redes sociales, por lo que necesitarán del conocimiento estratégico que puede ofrecer este profesional del *marketing.*
Diseñador web	Este servicio sin duda es una extraordinaria solución para quienes necesitan elevar su proyecto o empresa al siguiente nivel, pero no cuentan con el tiempo o el conocimiento para hacerlo. Aunque no seas profesional en esta área (siempre que tu cliente tenga conocimiento de ello y esté de acuerdo), si te gusta la tecnología y estás dispuesto a seguir las instrucciones que muchas plataformas gratuitas como strikingly.com te ofrecen para elaborar páginas web sencillas, pero con alta calidad, puedes ofrecer este servicio.

Mercadeo de Afiliados y Redes Sociales	Una forma efectiva en la que puedes mantener tu empresa o emprendimiento funcionando en y desde cualquier parte del mundo, sin que exista contacto físico o directo con tu cliente al momento de vender tu producto o servicio.
Tienda en línea	Con esta opción ya no necesitas alquilar un espacio físico para hacer transacciones ni ofrecer tus servicios, solo necesitas una página web, *landing page* o aplicación conectada al internet, fotos del producto o servicio y asociar un punto de venta virtual en el que tus clientes puedan comprar a través de tarjeta de crédito o PayPal.
Ventas por redes sociales	Una manera sencilla y de bajo costo con la que puedes llegar a más clientes gracias a que esta es la nueva forma de consumir no solo información sino también productos y servicios. Cada vez más usuarios sin importar su perfil socioeconómico cuentan con acceso a internet, teléfonos inteligentes u otros dispositivos electrónicos.
Empresas de servicios corporativos	Estoy seguro de que con solo mencionar algunos ejemplos tendrás una idea de a qué me refiero (Uber, Airbnb, Ebay, Mercado libre, Patreon, Eatwith, Kickstarter, entre muchos otros).

ACEPTACIÓN O TOLERANCIA, ¿QUÉ TE MUEVE?

Una vez hayas definido en qué tipo de negocio quieres iniciarte, debes estar claro acerca de cuál es el nivel de aceptación o tolerancia que tienes con respecto a ti y los resultados que deseas.

Te plantearé estos conceptos desde mi óptica, para que reflexiones y te preguntes, ¿qué estoy aceptando y qué estoy tolerando en mi vida? Este es un buen medidor de cuán rápido o posible es que alcances ese éxito que deseas.

La aceptación es el nivel de gratificación y reconocimiento que tú tienes de tu vida, de las cosas positivas. Y la tolerancia, el nivel de permisividad que tienes para con las cosas negativas. A mayor pesadillas menos tolerancia tienes.

Te pondré un ejemplo aplicable a ambos casos.

La aceptación es eso positivo que permites o recibes de tu hijo, pareja o amigos. El buen trato, la comprensión, el reconocimiento y el cariño. Por otro lado, la tolerancia es el nivel en el que estás dispuesto a aceptar las cosas negativas de esos mismos seres queridos, como maltrato, engaños o falta de respeto.

En materia de dinero, una persona que no arranca, que no actúa, es porque su nivel de tolerancia a la pobreza, la limitación, la preocupación y la incertidumbre, es muy alto. Te pondré otro ejemplo: si tu hijo o hermano tiene probabilidades de morir en cuarenta y ocho horas si no se consigue cierta medicina, ¿qué harías? Por lógica, actuarías, te moverías para buscar su medicina. ¿Por qué?, porque esa vida para ti tiene un gran significado, la valoración de esa vida es alta y tu tolerancia al riesgo de perderla es cero o muy bajo.

Así que pregúntate, ¿qué estoy tolerando y qué estoy aceptando? En la respuesta a esta reflexión puede estar la causa que te ayude a moverte y a actuar en proporción mucho más grande a lo que estás haciendo en este momento.

Mayor tolerancia: más aceptación y menos sueños

Baja tu nivel de tolerancia y sube los niveles de aceptación, eso te ayudará a cultivar un estado de conciencia que se traduce en movimiento y acción.

Para el perdedor, nada es fácil.

CÓMO HACER NEGOCIOS B2B

Las ventas a empresas son totalmente diferentes a las ventas a personas. En el segundo caso, tienes la «oportunidad» de hablarle directamente al que toma la decisión de comprar. En el caso de las empresas, tienes que hablar con cierta cantidad de personas antes de que se tome una decisión final y, mientras más grande la empresa, más filtros hay que pasar, por así decirlo. Allí no valen tanto las relaciones personales, pues no importa si conoces al presidente de una gran institución o empresa; al final no es él quien decide lo que se hace, sino que hay ciertos comités que trabajan en conjunto para tomar *la mejor decisión para la empresa*.

Por ejemplo, podrías ser amigo o llevarte bien con el gerente de compras, pero este departamento tiene un comité de compras que a su vez tiene un representante legal, un representante técnico y un representante financiero, este último dirá también si eso que se quiere comprar está dentro del presupuesto que se aprobó o cuáles son los requisitos que deben cumplirse para poder efectuar la compra.

Dicho esto, para vender a una empresa no tienes que ser amigo de nadie en particular, sino conocer, entender y ser amigo del proceso. ¿Cómo lo haces? Llamas por teléfono a la institución con la que aspiras trabajar y preguntas en el área de compras cuándo es el proceso de licitación. Dependiendo de la fecha que te den, lo anotas y haces una serie de seguimientos periódicos a través de comunicaciones y publicidad bien pensadas para lo que ellos buscan, de manera que ellos vayan conociéndote a ti y lo que ofreces. Eso es planificación, una de las leyes del dinero que planteamos anteriormente.

Recuerda que con enviar una publicidad que diga «ahórrate el 20 % con esta oferta» no es suficiente. Una empresa pondera cosas más allá del dinero. Por lo tanto, debes ser constante y conocer a tu posible cliente para que puedas enfocar tu mensaje y resolver los «puntos de dolor» o núcleos esenciales y áreas de interés de la compañía.

TÉCNICAS QUE TE AYUDARÁN A DECIDIR Y ACTUAR

- Escribe en un cuaderno de notas toda idea que llegue a ti.

- Cuando indagues acerca de un proyecto, hazlo tipo consulta, para que escuches otras perspectivas.

- Nunca pidas consejos a quien aspira menos que tú o que no es un modelo a seguir. Pide consejos a empresarios y especialistas en mercadeo y negocios.

- Asigna un colaborador para ampliar la búsqueda de informaciones del proyecto o idea.

- Haz una lista de tareas y todos los días revísala.

- La mejor hora para planificar, pensar, e idear es temprano en la mañana o antes de dormir.

- Busca la forma de mantenerte enfocado.

- Aléjate de las personas negativas. Es preferible compartir con pocas personas positivas que con muchas negativas.

- Cambia tu grupo de amigos si estos no aportan a tu sueño de éxito.

- Siempre recuerda la razón por la cual decidiste emprender.

- Escribe las notas que más recuerdes de todo aquello que estudies o leas.

RUTINA DIARIA DE ÉXITO

- Levantarte temprano (5:00 – 6:00 a. m.).

- Leer quince minutos mínimos.

- Escuchar audios de crecimiento personal, liderazgo, negocios, finanzas por treinta minutos.

- Leer noticias de negocios en Internet por treinta minutos.

- Leer blogs o *newsletter* de negocios.

- Capacitarte con cursos en materia de negocios y finanzas.

- Evitar la lectura de noticias de prensa, periódicos o noticieros.

Recuerda que la aceptación es el nivel de gratificación y reconocimiento que tú tienes de tu vida. Para encontrar el impulso que necesitas debes entender qué estás tolerando en tu vida, y cambiar eso por niveles de aceptación hacia actitudes contrarias a esas que te están frenando.

Las personas no determinan su futuro por anhelar o soñar. Son sus hábitos, sus planes de trabajo y enfoque lo que determina verdaderamente su futuro. ¡Es un asunto de decisión y no de elección!

CAPÍTULO

08

El trabajo es inherente al éxito de un emprendedor.

César Villanueva

Cuando eres emprendedor y tienes una trayectoria con grandes resultados, a veces surge la pregunta, ¿acaso el modelo que apliqué funcionará en otros? Si pienso detenidamente en esta cuestión, me doy cuenta de que en realidad no he hecho nada sobrehumano o de magnitudes astronómicas, sino que he seguido una serie de pasos que cualquiera, con la disciplina y constancia suficientes, podría seguir para alcanzar sus metas. La idea principal de hacer este libro es mostrarte con mi testimonio que sí se puede llegar a estar del otro lado de la acera, aunque tus circunstancias no sean las ideales.

Estar del otro lado de la acera significa preocuparte menos. Quiere decir que el dinero ya no será el objeto de tus temores o la mayor de las amenazas. Estas son algunas de las armas principales que necesitarás para cruzar a este lado de la acera:

- Gratitud por tu nivel de conciencia.

- Gratitud por tus sueños.

- Creer en ti, más que creer en asuntos o personas externas.

- Tener fe sobre todas las cosas.

- Habilidad para moverte y actuar.

- Arigato (dar gracias por el dinero que se va o viene).

Pararte de este lado simboliza que ya te has quitado un gran peso de encima y que si, por ejemplo, las facturas empiezan a llegar a fin de mes, las pagarás sin problemas o te tomarás un merecido descanso sin remordimientos. Pero para cruzar hasta aquí, debes empezar este camino sin olvidar lo siguiente:

DEFINE QUÉ TE MUEVE

Desde que dejé la Academia, siempre tuve claro que quería ser millonario. Ese era mi sueño, pero no era realmente el motor de mi trabajo. Yo me movía por pesadillas, las cuales son aquellas cosas que no quieres seguir teniendo o experimentando. Por ejemplo, hay personas con sobrepeso que van al gimnasio, pero no hacen ejercicio porque desean tener los abdominales marcados o porque quieran convertirse en supermodelos. Siguen asistiendo porque no quieren empeorar su salud al punto de que su diagnóstico se torne gravísimo. Se ejercitan porque su pesadilla es el riesgo de adquirir una enfermedad de la cual no puedan sanarse por completo.

Define si te mueves por alcanzar un sueño o porque deseas evitar una pesadilla.

En mi caso, mi pesadilla era ser pobre. A pesar de haber sido criado en un barrio y en el seno de una familia que me inculcó valores importantes, mi mente no paraba de volar y entretenerse con la idea de lograr lo que realmente buscaba en la vida. Quería superarme, no por razones superficiales o porque persiguiera olvidar mis orígenes. Solo quería dejar de preocuparme por los gastos, vivir cómodamente y ofrecerles mejores oportunidades a mis seres queridos. Deseaba salir del lado de la acera en el que estaba.

Así que, define si te mueves por alcanzar un sueño o porque deseas evitar una pesadilla. Conocer tu verdadero motivo te ayudará a seguir adelante y a enfocarte más en los resultados que en la parte negativa.

CUIDA TUS NIVELES DE TOLERANCIA Y ACEPTACIÓN

Hay un cuento popular acerca de un perro sentado sobre una tabla, la cual tenía un clavo fuera de lugar. El animal se mantenía aullando y quejándose por el dolor que le provocaba el metal en el cuerpo, pero no se movía ni se apartaba de la tabla. Cuando las personas preguntaban por qué el perro se quedaba en esa posición, el dueño respondía: «No se mueve porque no le duele lo suficiente».

La situación del animal solo nos dice una cosa: su nivel de tolerancia y aceptación eran demasiado altos. Eso mismo sucede con la gente que no posee la cantidad de dinero que tiene el potencial de producir. La mayoría simplemente aguanta su situación porque obtienen de ella lo suficiente para pagar sus deudas inmediatas. Esta no es una mentalidad de emprendedor.

Si tienes una alta tolerancia a la carencia del dinero, serás pobre para toda la vida. Mientras que, al contrario, si tienes una baja tolerancia para este tipo de circunstancias, serás rico, porque así piensa un verdadero emprendedor. No debes simplemente aceptar las restricciones monetarias que se presentan en tu vida ahora mismo. Abandona el conformismo y utiliza tu potencial para superarlas.

Insisto: si tienes una alta tolerancia a la carencia del dinero, serás pobre para toda la vida.

Del mismo modo, esta idea se conecta con el punto anterior, pues mientras mayores sean tus pesadillas, menor tolerancia tendrás con ellas. Si aprendes a aceptar las cosas con las que realmente no te sientes cómodo, permanecerán contigo, pues no habrá ningún verdadero deseo por tu parte de cambiarlas, y, en consecuencia, no harás nada. Así que, entre los primeros pasos para emprender exitosamente, se encuentra el hecho de que debes ser consciente de tu nivel de tolerancia, pues si este es tan grande que no te invita a moverte y cambiarlo, debes observarte más a fondo hasta que de verdad entiendas por qué es necesario deshacerte de esa carencia que te molesta.

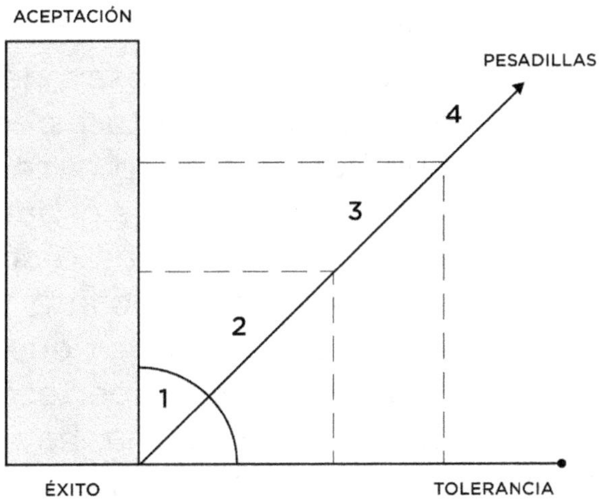

1. Zona de libertad financiera
2. Zona de altos ingresos / Empresarios
3. Zona de riesgo alto
4. Zona de pobreza desconocida

DESARROLLA TU COEFICIENTE EMOCIONAL E INTELECTUAL

Tu cerebro tiene dos hemisferios: el hemisferio izquierdo y el hemisferio derecho. Hay algunos que le llaman «hemisferio de la consciencia» y «hemisferio de la inconsciencia», respectivamente. A mí me gusta tomarlo de un modo más simple: hemisferio de la abundancia y el desconocimiento, y hemisferio del control y de la siembra. Existe una dualidad clara entre ambos.

Las personas cuyo hemisferio de la abundancia y el desconocimiento está más activo tienen la capacidad de crear muchas cosas, de llevar a cabo grandes ideas y de ser exitosas en numerosas áreas. Sin embargo, esto lo hacen guiándose por un «instinto natural», sin basarse en la aplicación de una ciencia o una técnica. Por ejemplo, hay mucha gente que canta y que lo hace fenomenal, pero solo porque tiene talento, no porque se hayan dedicado a perfeccionar el manejo de la voz. De igual forma, hay muchas personas capaces de hacer un montón de dinero, pero no pueden sentarse contigo a hablar sobre su presupuesto, pues no tienen idea alguna.

El otro hemisferio se refiere al control y a la siembra. Las personas que tienen más activo este hemisferio tienden a ser comedidas, muy planificadas y estructuradas, y nunca se salen de sus casillas. A diferencia de los anteriores, estos individuos viven en un nivel estándar económicamente hablando, pues no toman riesgos, no salen de su zona de confort con asiduidad y tienen poca iniciativa. Aunque estas personas tienden a basarse en estudios, ciencia y asuntos comprobados, también son más tolerantes con la falta de dinero.

A partir de esta información, el mejor consejo que puedo darte es que intentes hacer un balance entre ambos hemisferios, desarrollando tanto tu coeficiente emocional (CE) como tu coeficiente intelectual (CI). La mayoría ya conoce el concepto típico de inteligencia, que normalmente se atribuye a las capacidades lógico-matemáticas de una persona. No obstante, en 1995, Daniel Goleman popularizó el término «inteligencia emocional», que se refiere a la forma en que reaccionas a cualquier situación que no esperes o que esté fuera de tu control.

Hoy en día, ambos tipos de inteligencias —intelectual y emocional— son esenciales para desarrollarte como emprendedor, pues por muy lógico que puedas llegar a ser y por mucho que conozcas de números y aritmética, no serás capaz de liderar un equipo si no gestionas debidamente tus emociones. De igual modo, si reaccionas con prudencia ante las situaciones que se presentan, pero no conoces nada, o muy poco, sobre tu negocio en cuestión, definitivamente no saldrás adelante.

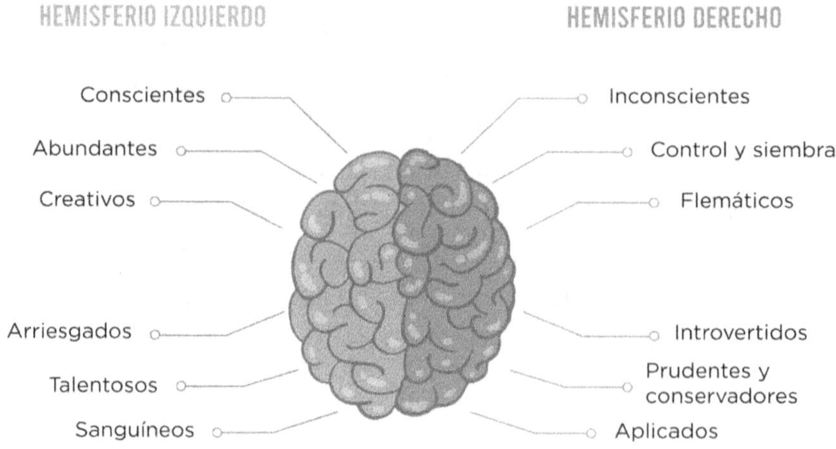

CREE EN TI

Creer en ti mismo es determinante para lograr tus objetivos. Debes tener tanta confianza en lo que puedes hacer, como confías en que el sol saldrá mañana. Tienes que dar por hecho que serás exitoso, que vas a triunfar y que conseguirás aquello que deseas.

La fe, definida en la Biblia como *la certeza de lo que se espera, la convicción de lo que no se ve*[4], ha sido extremadamente poderosa en la historia de la humanidad. Asimismo, debes tener la fe de que te convertirás en la persona de negocios que quieres ser. Adquiere la certeza de que serás rico, aunque no lo puedas ver materializa-

---

4 Hebreos 11:1, Reina Valera, 1995.

do hoy. Porque, así como tienes fe en que el día cambiará, en que tu madre estará contigo ante cualquier dificultad, o en que tu familia está a salvo, del mismo modo debes cosechar la fe en tus capacidades para hacer dinero.

Serás un empresario exitoso. Todo empieza por creerlo. Mientras tanto agradece el nivel de consciencia en el que te encuentres y los sueños que tienes, y trabaja para ascender de nivel.

ENCUENTRA EL DINERO

A veces me gusta comparar el dinero con esas manadas de aves migrantes que se mueven según las estaciones. El dinero siempre se está moviendo, y por eso los inversionistas prefieren tenerlo en carteras de producción y no en carteras de protección.

De este factor viene la idea de que tienes que dedicarte a buscar un buen negocio. Pregúntate: ¿qué necesidad identifico, la necesidad de alguna empresa, de alguna comunidad? ¿Qué puedo hacer mejor de las cosas que ya se están haciendo? La clave es buscar dónde está el dinero, ya sea en algo que la gente desee para facilitar su vida o en mejorar algún proceso o producto.

Recuerda que el dinero se encuentra en la satisfacción de necesidades. Así es como, si alguien nota alguna problemática en un área y crea la solución, el éxito de su negocio se basará en qué tan satisfecha queda la población afectada por tales circunstancias. Tienes que buscar, descubrir y seguir al dinero allí donde esté, manteniéndote muy atento a aquellas necesidades que puedas notar en tu diario vivir y a las que tú puedas ofrecerles solución.

EDÚCATE COMO EMPRESARIO CONSTANTEMENTE

El resultado de cada negocio es la mejor versión del empresario que lo lidera

Como último consejo de esta lista, no puedo dejar de repetirte que tienes que prepararte. Necesitas educarte en aquello que vas a emprender. No puedes empezar un negocio sin tener una base o una técnica probada con la cual se manejan los demás negocios exitosos.

Siempre ten presente que debes aumentar tu preparación como persona y como emprendedor. Haz cursos constantemente, lee libros y escucha audios de gente de la que puedas aprender. El mercado cambia sin parar y es tu deber mantenerte a la vanguardia si quieres seguir siendo parte activa de él.

Recuerda que estamos en una interminable evolución, por lo que la misma persona que sueña una idea no será aquella que la desarrolla o esa que atestigua los beneficios. Enfócate dentro de ti para mejorarte en conocimientos y valores, pues el resultado de cada negocio es la mejor versión del empresario que lo lidera. Por ejemplo, cuando eres padre por primera vez, te darás cuenta de que te conviertes en personas distintas a través del tiempo. Eres alguien cuando tu hijo recién nace, cambias cuando tu hijo llega a la adolescencia y te vuelves otra persona cuando empieza a trabajar y se va de casa. Sin embargo, siempre debes tener presente esto: es importante que te eduques para saber cómo darle la mejor guía a tu hijo en todo momento. Es lo mismo para un negocio, pues debes mantenerte en constante preparación para que siempre estés innovando y resolviendo las situaciones que se vayan presentando a medida que tu empresa crece.

Todo lo anterior te ayudará a volverte más eficiente en tu trabajo. Recuerda que el empresario es el que más trabaja, pero el último que cobra. Tú eres el que abre y el que cierra, pues no puedes permitir que tu comodidad afecte a la empresa. Por eso no debes olvidar que el trabajo duro te llevará al éxito y que tienes la mayor responsabilidad, pues tu labor es estratégica: te dedicarás al crecimiento y expansión del negocio, y eso requiere que también crezcas tú.

Abriga la confianza y la fe en ti mismo, porque tú eres tan capaz como cualquier otro de cruzar la calle y llegar a este lado de la acera, donde estarás más protegido de las preocupaciones económicas y de los remordimientos que llegan a través de la falta de dinero.

Cruza. No lo dudes más. Te espero.

ACERCA DEL AUTOR

CÉSAR VILLANUEVA MELO

Nació en República Dominicana.

Estudió Finanzas en unas de las principales universidades de su país, lo que le permitió desarrollarse a nivel profesional en instituciones financieras y firmas de auditores más importantes del mundo.

Se ha desempeñado como docente universitario y consultor de negocios por los últimos diez años.

Sus más de veinticinco años de experiencia en dirección de empresas, hoy lo posicionan como un exitoso y reconocido empresario en las áreas de Gestión de Servicios *Courier*, Envíos y Distribución, Transporte, Logística, Recursos Humanos, Educación y Negocios Digitales.

Sigue su trabajo de cerca en sus redes sociales

@cesarvillanueva

@cesarvillanueva

www.cesarvillanueva.do

BIENETRE
EDITORIAL